西湖石头
会说话

丁云川 著

杭州市文联文艺精品工程扶持项目
杭州舒莲记扇艺文化研究院文库

杭州出版社

图书再版编目（CIP）数据

西湖石头会说话 / 丁云川著. —— 杭州 ：杭州出版
社，2025. 5. —— ISBN 978-7-5565-2885-1

Ⅰ．K877.4

中国国家版本馆 CIP 数据核字第 2025XZ3528 号

Xihu Shitou Hui Shuohua

西湖石头会说话

丁云川　著

责任编辑	李竹月
责任校对	陈铭杰
美术编辑	卢晓明
封面设计	倪　欣
责任印务	姚　霖
出版发行	杭州出版社（杭州市西湖文化广场 32 号 6 楼）
	电话：0571-87997719　邮编：310014
	网址：www.hzcbs.com
印　　刷	浙江全能工艺美术印刷有限公司
经　　销	新华书店
开　　本	710 mm×1000 mm　1/16
印　　张	20
字　　数	260 千
版 印 次	2025 年 5 月第 1 版　2025 年 5 月第 1 次印刷
书　　号	ISBN 978-7-5565-2885-1
定　　价	88.00 元

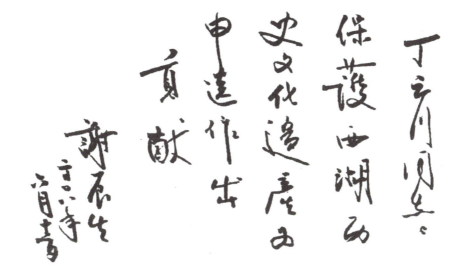

丁云川先生。

保护西湖和

史文化遗产而

申遗作出

贡献

谢辰生

二〇〇八年

六月书

2008年6月12日，中国文物学会原会长谢辰生先生给丁云川题词

笔者丁云川与谢辰生先生

杭州之幸

8月18日，杭州民间文保专家丁云川先生打电话来告知，他在收藏品市场发现了两册旧书，疑与杭州国药老字号方回春堂的历史有关。我们约定，请丁老师立刻动手，挖掘古籍背后的秘密。

如同丁老师以往的"寻宝"之路，这一番考据功夫依然扎扎实实。他在故纸堆中爬梳剔抉，向各路专家学者请教，历史的迷雾在一次次梳理中渐渐散去。文稿既成，我们又多次讨论可能存在的疑点，务必要让论据有说服力。老先生再次四处奔走，寻找察访，他就像一个战士，为丰富这座城市的文化遗珍而战斗着。

从2022年年中开始，杭报副刊邀请丁先生撰写"石头记"。他发现了杭州一块块看似不起眼的石头，那些被岁月湮没的石碑后有厚重的历史人文故事。城隍山下老墙门的洗衣板，原来是记录吴山城隍庙"连升三级"的旧石碑，陈庄"石如意"，如今深藏在杭州植物园……几乎写一篇热闹一篇。

这个盛夏，老先生也没有歇着，刚刚在副刊上写了一篇"枯木逢春"的文章——打铁关地铁口的一棵枯樟原来是从前的航空标识树。经杭州新闻客户端同步推送、杭州发布转发后，阅读量已达10万＋，读者的留言成为居民们热闹的"回忆杀"，还引发出很多衍生的城市故事。有人说："可以讲给我的孩子听。""杭州是温暖的有故事的城市,我喜欢杭州!"

这一波文化的流量,让城市的人文气息更加浓郁。丁云川先生总是自谦:"我就是一个杭州市民,杭州人怎能不为杭州做事?"正因为有那么多爱家乡、爱杭州的市民,杭州压箱底的家产才越来越丰厚,这是杭州之幸。

杭州日报副刊部主任

2024 年 8 月 30 日

目　录

碑碣墓志

摩崖造像

湖山处处

碑碣墓志

乾隆帝与《龙井茶胆瓶清供图》

乾隆帝游龙井，封十八棵御茶树的故事已经广为人知，他曾经还为龙井茶作画，此等雅事，却鲜为人知。

曾读故宫博物院主办的《紫禁城》杂志，内有乾隆二十二年（1757）《御笔宣纸题画牡丹》、乾隆二十三年（1758）《御笔墨竹牡丹》等挂轴。读罢，我想起乾隆帝六巡杭州、十上龙井①，作龙井相关诗歌五十余首，并在龙井寺画《龙井茶胆瓶清供图》的历史。根据《钦定南巡盛典》等的记载，我与诸君共忆这段逸事。

乾隆二十七年（1762）正月十二日，年过五旬的乾隆帝第三次南巡，三月初一到达杭州，驻跸杭州府行宫。他先行巡查钱塘江海塘，并在旗营阅兵。三月初六来到龙井。乾隆帝在杭州待到三月十二日，十来天时间里，去了龙井三趟。

三月春雨绵绵，三次去龙井，两次都下雨。乾隆帝却游兴

---

① 乾隆《御制诗四集》卷七十四《题文徵明茶事图·茶焙》有注："辛未（乾隆十六年，1751）南巡曾至龙井。"《御制诗五集》卷六十二《焙茶坞》也有类似注文。然《西湖志纂》卷八"香林洞"条载："乾隆十六年三月圣驾巡幸天竺，览乡民采茶制焙之法，御制《观采茶作歌》。"似指第一次南巡是在天竺一带观采茶，未及龙井。第二次南巡可能路过龙井，未作细细游览，一幅未署名绘者的《清西湖行宫图》道里图说中提到"乾隆二十二年……六里九分至龙井"。第三、四次南巡各三次游龙井，第五、六次南巡各一次游龙井，均有题咏可证。

3

不减，在龙井寺方丈的陪同下，冒雨观赏风景，看到了此前来杭时他亲自命名的龙井八景："过溪亭""涤心沼""一片云""风篁岭""龙泓涧""神运石""翠峰阁""方圆庵"。

三月初九，乾隆帝第二次雨中游龙井，看僧人在茶丛中采摘茶叶后，再次来到龙井寺歇息。跨进方丈室，知客奉上热气腾腾的龙井茶。案几上放着笔墨纸砚和画器，乾隆他老人家又想画画了。他让方丈取一只瓷花瓶，并在庭院里掰几根茶枝来。瓷瓶放在桌上，枝条插入瓶中。乾隆帝思量一番，提笔画起来。寥寥几笔，瓷瓶一蹴而成。枝条上的茶叶呢？却是观察了茶叶的形态后，一笔一笔、仔仔细细地画的。

画毕，看看画上的诗塘是不应留白的，于是乾隆帝将画携回行宫，再提笔作了题记："雨中再游龙井，憩坐少时，庭前玉茗盛开，鲜妍可爱。适有画器，陈几案间。辄设色，作胆瓶清供，留之山房，以识佳兴。"并落款"壬

《龙井茶胆瓶清供图》拓片

午暮春御笔"。他从随身携带的玺印中,挑选了"乾""隆""卍有同春""烟云舒卷"四枚章,钤在画上。"卍有同春",蕴含治国、安家、立命的宏愿;"烟云舒卷",则与这雨中游龙井的景色十分相符。可知钤印是他精心挑选的。

三月十二日,乾隆帝在织造府官员的陪同下,再一次来到龙井寺,遂将一幅完整的、寓意为"平(瓶)生如茶"的《龙井茶胆瓶清供图》赐给了方丈。后车驾回京。这幅画留在龙井寺后,方丈认为龙井天气潮湿,纸画难以保存,于是请了一位镌碑高手,将这幅画镌刻在石碑上。嗣后,方丈将"画"拓成数片,作为龙井寺的礼物相赠。

乾隆帝当年在龙井寺作画是 1762 年,约 260 年间经历了多少的风雨沧桑,《龙井茶胆瓶清供图》真迹已不知去向。幸而寺僧做礼物赠人的《龙井茶胆瓶清供图》拓片,在浙江图书馆尚有一纸存世。我从浙图孤山古籍部工作人员了解到,龙井茶画石碑于乾隆四十五年(1780)完成,即乾隆帝作画 18 年后才刻成碑。原碑高 63 厘米,宽 39 厘米。2001 年西湖博览会举办之际,富阳华宝斋在编制《历代帝王咏西湖》的影印集中,将《龙井茶胆瓶清供图》拓片精心制作复图,再现于世。

《龙井茶胆瓶清供图》是乾隆帝南巡过程中一幅弥足珍贵的御画。乾隆帝不只为龙井茶作诗歌,还为龙井茶作画,他内心对于龙井茶的痴爱,可见一斑。

和丁丙有关的一块碑石

2022 年是文澜阁《四库全书》保护人丁丙 190 周年诞辰。

1860 年，杭城燃起战火，住在城里的丁丙一家，到留下杨家牌楼的庐墓之地"风木盦"^①避居。一日，丁氏家人到留下街市去买小食品，见食品包装纸竟然是文澜阁《四库全书》的残页！时年 30 岁左右的丁申、丁丙、丁午三兄弟，发宏愿，要将《四库全书》竭尽全力抢救出来。于是丁丙先将留下摊店中的《四库全书》散页收集起来；又雇人一起从留下翻山到孤山文澜阁，将劫后余存的数千册书籍，用麻袋分装，奔涉多天背回后，藏于风木盦。当太平军退出杭城后，丁氏兄弟又主持了《四库全书》的收集和补抄工作。他们的义举，深得人们的赞誉，风木盦亦名声大振。

2001 年 8 月，我到杨家牌楼寻访丁丙墓地时，在村路上偶遇时年 78 岁的丁氏坟亲^②后人吴元春老人，他陪我到他家中坐坐。我看到地上铺着一块碑石，上书"风木盦墙"，当即眼明手快地拍了张照片。尔后，同他聊起了丁氏祖坟和丁丙墓地的逸事。

吴元春说，丁丙墓地不在杨家牌楼，而是同其父母一起葬

---

① 盦，音 ān，同"庵"，一种圆顶草屋。

② 坟亲，旧时江浙一带墓主与守墓人之间的称呼。

风木盦旧影与"风木盦墙"碑石

在闲林的金筑山。杨家牌楼的风木盦是丁氏家族的庐墓所在。丁丙家人一般每年两次祭扫祖坟，一次是清明，一次是冬至。往往是第一天祭扫张家园的祖上墓地，晚上在风木盦宿夜。第二天早上，丁丙一家人再从留下坐船，到闲林金筑山祭扫父母的墓地。

吴元春虽年近八十，但记性很好。他说，他小时候看到的风木盦，占地五亩左右，大门上有一副"家藏八千卷；门临七二峰"的对联，门上镂空雕有"竹苞""松茂"四字[①]。因大门外有一对石老虎，当地村民也管这里叫"石老虎坟"，也有叫"坟庄"的。

风木盦里有天井、池塘。走过天井，第一进的房子是三开间一层楼建筑，为看管坟庄的人所居住；第二进房子也是三开间一层楼建筑，为丁氏家祠，俗称丁氏祠堂；第三进有花园，

---

① 丁申字竹舟，丁丙字松生，很有可能是这四字的出处。

后面是五开间的两层楼房，丁氏族人来扫墓时就住在这栋楼里过夜。有时暑热炎天，丁氏家族的人也会来这里消夏避暑。

他还告诉我，清末民初，丁申之子丁立中，将风木盒作了移地重建，建到花坞山的神仙宫山麓①上，规模扩大了不少，老的风木盒就叫"西园"了。

西园原在杭徽公路（今西溪路）旁边，东边是孙宝琦②墓。他们儿时看到的西园已是茶树丛生了，只有一垛泥墙矗在园边。抗日战争期间，日寇因惧怕游击队，便将这垛墙推倒，一块1.8米高的"风木盒墙"碑石就倒在了地上。

20世纪50年代初，随着城市发展和交通道路的建设，张家园的丁氏墓地被迁出，风木盒也被拆除。吴元春的父亲吴玉铭出了力气，将这块遗弃在地多年的碑石抬回了家。他曾对吴元春说，风木盒就剩这块石头了。后来，这块"风木盒墙"碑石就成了他家两房之间的铺路石。

2003年11月，我接到吴元春老人的电话，他告诉我，他家要盖新房了，这块碑石，想想还是让我拉回去保管为好。

我速速来到他家，吴老带我到他家对面马路的墙边，突然怔住了：怎么一堆石板不见了？！"风木盒墙"碑石就夹在这些石板中间，在这里放了短短两天的时间，竟丢失了。他放开喉咙大叫起来："是哪个人把石头搬走了！是哪个人把石头搬走了……"

就这样，在他家保存了半个多世纪的"风木盒墙"碑石，在拆旧建新时消失得无影无踪。老人痛心疾首，说自己对不起

---

① 今杨家牌楼318-1号位置。

② 孙宝琦（1867—1931），浙江钱塘（今杭州）人，晚清至民国时期重要官员，曾任北洋政府临时内阁总理、国务总理等，外交家。

老父亲，又愧疚地对我说："让你白跑了一趟。"

我宽慰他，让他不要太伤心，世上总有想不到的事情会发生。"风木盦墙"碑石丢失了，只余一张"风木盦墙"的照片留存在世上。

从"尽忠报国"刻石少了一点说起

上小学时,父亲带我到岳坟游玩,指着墓前照壁上"尽忠报国"四个字对我说:"'国'字上少了一点。为啥少一点呢?因为岳飞一生是'尽忠'的,但是在'报国'上少了一'点',于是,书法家洪珠在书写时有意少了一点。"那时候我年幼,父亲的话,我并未听进去。

前些年,我在岳庙看到有不少小学生在瞻谒岳飞墓,一个说,这个"国"字是繁体字,另一个又说,"国"少了一点是错别字!听他们争论,我也不上前解释,因为,他们长大以后,如果还有求索的兴趣,自然会懂。

近来我在网络上看到有人介绍"尽忠报国",说得绘声绘色:"洪珠自幼嗜学,兼嗜书法……当时杭州府正奉旨重修岳王墓,修成之后,知府大人传手下物色一个书法高手,为新坟题写'尽忠报国'四个大字,准备镌刻在坟后山岩上,每个字须簸箕大小……洪珠闻讯后,颇动心思:岳飞乃千古英杰,能为他题字,岂不是平生一大快事!在一个皓月当空的良夜,他带着随从赶到岳坟……猛地抄起苇帚,饱蘸浓墨,上下挥洒,一气写下'尽忠报国'四个楷体大字。又在右下方题上'莆人洪珠书'数字。消息传到了总督、知府的耳里,二人大吃一惊,赶往察看,却是一手潇洒刚劲的好字,只不知'莆人洪珠'为何人,于是下令追查。嘉靖帝闻报后派大臣南下杭州探查,诏令浙江总督府

将这个大胆洪珠递解进京。洪珠被押赴府衙，总督且恼且怒：'洪珠啊洪珠，你好大胆子，我也袒护你不得了，明天就押你进京……'嘉靖帝下旨宣洪珠上殿面君。有大臣进言制止：'自古非进士不得见驾，洪珠乃一幕宾，不可。'嘉靖当即下旨，'御赐洪珠为进士'……嘉靖见他眉藏英气，倜傥轩昂，谈吐自如，不觉龙颜大悦，即刻下旨：着令洪珠留京候用。从此，'尽忠报国'四字名闻天下。"

这不是在戏说"尽忠报国"吗？嘉靖三十九年（1560）之前，何来浙江总督府？洪珠不是正德十六年（1521）进士吗？要讲好"尽忠报国"的由来，一定要有历史依据，绝不可以随心所欲地胡编乱说，不能误导大众、贻害世人。

于是，我想起了杭高校友、西湖风景名胜区管委会的李慧敏和老友沈立新曾赠给我的《杭州西湖岳王庙志》一书，书中有一篇明嘉靖十四年（1535）《刻尽忠报国碑记》的文字。正因为有了这篇"石头记"，我们后人才能够了解当年洪珠写"尽忠报国"的由来。

嘉靖十四年（1535）春，嘉靖帝派钦差大臣张景巡按浙江。时任浙江按察使是李崧祥，按察司佥事是徐阶，浙江左布政使是任忠，右布政使是范辂，布政使司左参政是洪珠。张景对他们说，岳王是他崇敬的英烈，并邀他们一起去瞻谒岳王墓。于是一行人来到岳王庙，拜读岳飞所作的《满江红》词和《送紫岩张先生北伐》诗的碑刻。

尔后，他们在岳王后裔的接待下，话及岳飞生平，讲到岳母在岳飞背上所刺"尽忠报国"四字，又话及岳飞从军后，一直到郾城之捷，"维王（岳飞）……锐意欲取中原，于是高宗方惑于奸桧……以谏阻和议则不纳……盖高宗之用王者（岳飞）

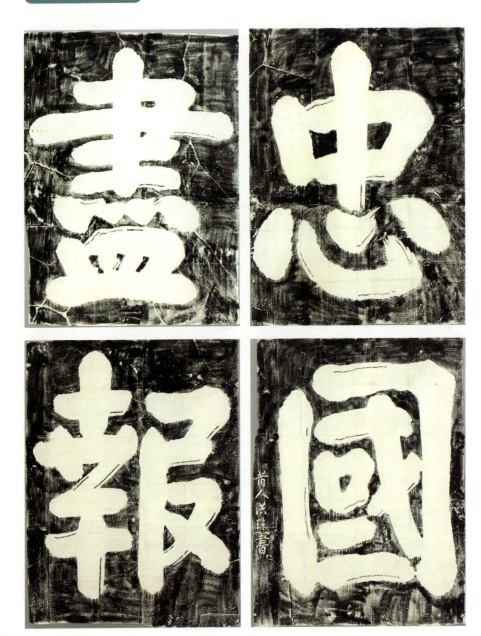

洪珠书"尽忠报国"

已大异于初……比进军朱仙（镇），恢复之功且垂成矣。而班师之诏遽下，未几，王（岳飞）亦身及于戮，以忠受祸，至今论者犹共冤之……"

谈到这里，这几位饱学之士认为：岳飞是一位"忠义功业，非激于高宗之知遇"的人。"苟初心之不违"，在报国上尚少一点。

碑记说："侍御公（张景）以尽忠报国表王（岳飞）之心也，其殆观王（岳飞）之深者与！"张景提出要在岳王墓前立"尽忠报国"的碑石，并作出安排：墓碑由任忠、范辂、李崧祥办理；洪珠是出名的书法家，"尽忠报国"的字由洪珠来书写；徐阶是探花，文思敏捷，碑记由徐阶来撰文。大家一起商定：碑石务必在次年（1536年）二月十五日立于岳王墓之南。

洪珠书"尽忠报国"字时，想起"岳飞在报国上尚少一点"的话，在落笔时有意识地将"一画"粘到了"点"的位置上。

非但"尽忠报国"的由来不能随便胡编乱说，前些年，在对"秦桧坐立起来"的大是大非面前，更不能视若无睹。当时我从媒体上得知此事后，便收集资料向上级部门反映，引起重视，相关部门迅即向南京某博物馆转达，并限期答复。该博物馆在给相关部门和我的回信中告知：当年在挖掘地方名人时，因是秦桧的祖籍地，于是塑了像，现已拆除了，秦桧永远不会再坐立起来了。

西泠印社"水国长春"石碑

西泠印社有块"水国长春"的石碑，是因发现淡水水母而镌刻的。

1904年，丁辅之、王褆、叶为铭、吴隐四位先生创办西泠印社。为了存贮山泉，1915年，吴隐命工匠在西北面后山开挖采土，寻源利导，引为一渠，承以石槛，其清若镜，名曰"潜泉"。吴隐还在1916年立秋后专门写了一篇《潜泉记》，勒于石。当年的社长吴昌硕用篆书题《潜泉铭》："如竟一泓，脉络海深。照人形容，照人腹心。道在敛波，清极闻音。饮彼潜泉，铭以用针。"

从吴昌硕题潜泉的文字中，足见潜泉水质清澈透明，似明镜般洁净。

1925年7月9日，星期四，农历小暑后一天，浙江省立女

"水国长春"拓片

子中学校的学生在生物老师韩陶斋的带领下来到西泠印社参观游玩，此时西泠印社创建已有 21 年了。韩陶斋是海归留学生，学的是生物学，同时他也爱好书画，写得一手好字。

路过潜泉时，清澈的泉水引得众人驻足，女孩子们对着镜面般的一泓泉水照起面容来，这一照，就照见了在水中浮游的伞形小生物。

韩老师闻讯而至，他一看，应该是淡水水母。

这可是了不得的活化石啊！淡水水母作为地球上一种最原始、最低等的无脊椎腔肠动物，活体极为罕见，常栖于清洁的淡水中。它们多在早春桃花盛开时节出现，有的状若桃花花瓣，故又称桃花水母。

韩老师捞起几只装在瓶中，带回学校，先行研究。

这可是重大发现，不可轻视。他将发现淡水水母一事，告知同事朱怙生。朱是萧山人，1905 年就读于上海理化专科学校，毕业后与韩陶斋执教于同一学校，也是西泠印社的早期社员。两人作了一番研究后，认为要请他俩的同好管震民先生再作进一步的研究。

管震民，原名望涛，原籍浙江黄岩，后为马来西亚华侨。1905 年考入京师大学堂博物科，1908 年毕业。毕业后曾任七品京官，后弃官从教，民国时任杭州官立法政学堂校长、浙江省立第二师范学校校长、浙江省立西湖博物馆自然科学部主任等职。

管震民作了一番研究后写下："淡水水母，形圆如伞，无色而透明，伸展时直径约半寸。周围有柔而薄之缘膜，中有似宽紧带状之筋肉一条，围绕而生。触手长短不一，沿膜之上，栉比而下垂，俨如冕旒然。其末端有感觉器，伞之下面有辐射线四条，成十形。中有四枝之胃腕，生殖即存于胃之副囊底部。口开于正中，有唇瓣四枚，分折而成为花瓣状。由此而入，即为共有腔，亦即腔肠动物之特征也。至详细之解剖，请俟专家研究后，再为宣布。"

嗣后，经调查、研究、考证确认：在这次发现之前，当时世界上，国外以及中国湖北宜昌只发现过五次淡水水母，此物为生物界稀见之物。

西泠印社创始人叶为铭等人高度重视，发动社员集资，于1925年秋在潜泉上设置了铁护栏。

为了记载这一重要事件和保护淡水水母，朱怡生先生于翌年（1926）三月，在潜泉题写"水国长春"碑名并作了碑记，请镌刻高手金咨甫书并刻。此时，已遁入空门的弘一法师李叔同，还专门为金咨甫作了题记："咨甫，浙江金华武义人。弱冠游杭，学于高师专科。扶桑本田授工，赞其精绝，求绪彼邦，未之有也。尔后，任杭州师范兼女学歌乐教师二十余年。"

西泠印社因在潜泉发现淡水水母而刻的石碑上，文字十分简洁，但仔细读来，内中大有学问：从西泠印社的创始人吴隐、叶为铭到首任社长吴昌硕，从淡水水母的发现人韩陶斋到研究考证的管震民，从题写碑记的朱怡生到镌碑的金咨甫及弘一大师李叔同对高足金咨甫的评语，真可谓："拂拭碑文，感慨先贤；淡水水母，牵动人心；刻石犹在，字字铿金；百年往事，历久弥新。"

后来，我与淡水水母的发现人韩陶斋先生的外孙女、浙江中医药大学的教师毛丹漪通了电话，她告诉我：她的外公韩陶斋是浙江慈溪人，学名韩士淑。当年发现淡水水母的时候，她的母亲还没有出生，故晓得有这回事，但只是略知一二而已。

　　尔后，她又告诉我：四五年前，学校到大清谷搞活动时，在那里的一泓碧水中，她也见到似有圆形的水生物在浮游，她是搞医学生物化学的，认为这很有可能是淡水水母……噢！山清水秀的杭州，生态环境越来越好，对于生存环境要求十分高的淡水水母来说，也是生活的天堂呢。

天香楼前有块双龙"圣旨"碑额

2022年中秋与家人到天香楼一聚，在边门一隅的地上，我看到一块汉白玉双龙"圣旨"碑额，不觉一怔。这是一块大有来头的碑额，怎么会受冷落被放在墙角落里？

店里的同志告诉我，这是30年前井亭桥天香楼搬到凤起路新店时一同搬过来的。只知道原来的天香楼在相国井旁边，也不知道此碑与相国井有没有关系。我用尺量了一下，这块"圣旨"碑额高、宽各75厘米，厚25厘米。我吃着中秋的团圆饭，脑子里却想着，要设法搞清这块碑额的来历，尽力将它的身世厘清。

我首先考虑的是：相国井在古代是否受封过？

我从《武林坊巷志》开始查阅，书中有"甘泉坊，有相国寺井"，"贞节牌，在甘泉坊北，为（明代）南京兵部司务许敏妻钟氏，本邑立"的记载。我又查《嘉靖仁和县志》《康熙仁和县志》，从中得知，许敏妻钟氏，名兰芳，绍兴人。年十八嫁给仁和（杭州）人许敏。许敏官至南京兵部司务，死于任上，留下一女。那年钟氏才29岁，许母想将钟兰芳再嫁。钟说，许敏是个官人，位虽不高，但她身为官人之妻，若改嫁他人，是没有颜面活下去的。她宁愿粗茶淡饭，做女红，作洗妇，劳苦自给，将女儿养大，陪婆母终老。钟兰芳说到做到，守志三十余年。这是封建时代禁锢人性的婚姻观，但当时深受重视

和倡导。钟兰芳的贞心气节，感动了地方人士。

明代成化二十年（1484），时任杭州知府陈让将钟兰芳的事迹上报朝廷。事载《明宪宗实录》卷二百五十八："旌表：……钟氏，仁和县人，兵部司务许敏妻……守节无玷，并表其门曰'贞节'。"杭州知府陈让在成化二十二年（1486）离任前，将旌表贞节碑镌立在甘泉坊北。

杭州女子得到朝廷的褒奖，作为知府深感荣幸，于是在碑额选材上，用了气派的汉白玉，因为是皇帝的敕封，碑额上亦可以镌刻双龙图案。

世事沧桑，改朝换代。到了清朝顺治七年（1650），甘泉坊（相国井）一带被划入旗营内，这块敕封的旌表贞节碑也就在旗营里了，八旗官兵看到有"圣旨"二字的石碑，也不会轻易去搬动它。

辛亥革命成功后不久，杭州旗营被拆除，旗营的土地作了拍卖，所得资金用于城市建设。民国初年，湖滨一带建了新市场，修建了迎紫路(今解放路)、仁和路、平海路、学士路、花市路(今邮电路)等道路。

民国初年，清末举人陆川江从苏州迁居杭州，其孙陆冷年于1927年在湖滨开设杭帮菜馆。在取店名时，他用心良苦，最后选用唐代宋之问的"桂子月中落，天香云外飘"诗中的"天香"二字，取"天香楼"之名。

我的猜想是：这块刻有"圣旨"的汉白玉双龙碑额，很有可能已被遗弃在路旁，成了无主之物。陆川江可能会在附近一带（原甘泉坊北）走街串巷觅古寻踪，陆川江毕竟是举人出身，深知"圣旨"的身价，于是发善心将它入藏店内，以避世间的雨雪风霜。

1956 年，天香楼要搬到相国井旁边。于是乎，天香楼主将这块"圣旨"碑额一同搬了过去，一晃又是 30 多年。1993 年 3 月，相国井旁的天香楼要迁到凤起路新店了，天香楼主虽几经易人，但对这"圣旨"碑额，还是不离不弃，一同带走，只是将它冷落在墙角下。

双龙"圣旨"碑额

500 多年前，钟兰芳在失夫后的几十年岁月里，将女儿含辛茹苦养大成人，与婆母相依为命至终老归山，这期间的苦楚，世态的炎凉，只有她自己忍受下来。时代在不断地革故鼎新，现今社会妇女能顶半边天，很多观念也早已发生翻天覆地的变化。今天，我将在杭州这座历史文化名城里能见到、能发现的一点点古物作一些推考，希望能抛砖引玉，引来相关专家学者对天香楼这一碑额作一番研究、考察。

这真是：

明代圣旨落酒家，三迁隔壁冷地下。
史笔留下蛛丝迹，天香楼里说老话。

杭城的四块梅花石碑（上）

梅花是在寒冬腊月绽放的，它斗霜傲雪。"梅花香自苦寒来""零落成泥碾作尘，只有香如故""已是悬崖百丈冰，犹有花枝俏"都是咏梅的名句。杭州有多处观梅胜地，如孤山探梅、灵峰赏梅、超山看梅……从唐代白居易的"伍相庙边繁似雪，孤山园里丽如妆"的咏梅诗，到宋代林和靖"梅妻鹤子"的故事，以及明代杭州画家蓝瑛、孙杕合作的梅石图，后来刻成梅石碑存世，梅花在杭州留下了多个佳话。

西泠红梅碑

"倒枝梅画"碑

而今我经过走访，在杭城觅到了四方存世的梅石碑：西泠印社藏俞楼的红梅碑，孤山上敬一书院的"倒枝梅画"碑，以及德寿宫遗址上的梅石碑和孔庙里的梅石碑。

俞楼红梅碑

清同治八年（1869）春，俞樾（号曲园）在杭州诂经精舍开课。俞曲园是清代著名经学家、文学家、书法家，章太炎、吴昌硕皆出自其门下，他也是现代著名诗人俞平伯的曾祖父。

彼时，名将彭玉麟到杭州养病，借住在诂经精舍第一楼。俞樾在其《春在堂随笔》中写道："余与彭雪琴（玉麟）侍郎，初不相识，己巳之春，余来诂经精舍开课，适侍郎借寓湖楼，一见如旧……雪琴侍郎以诸生从戎，在军中二十年，战功卓荤，中外共见。然其人实温温儒雅，善画墨梅。因借寓余讲舍湖楼，许画梅花一幅，以当屋租。余赠之诗，所谓'一楼甘让元龙卧，数点梅花万古春'也。"

在诂经精舍的一个多月里，俞、彭交往颇深。彭写了三首诗，其中一首因俞樾有"数点梅花万古春"之索画诗意，便作《俞荫甫太史索画梅花戏占一绝》："鹊巢底事让鸠居，高踞楼头笑我粗。寄语若溪贤太史，梅花一幅当房租。"并画了一幅中堂《梅花图》。俞樾将画装裱后悬于壁间。

四年后，彭玉麟来第一楼，见《梅花图》仍悬壁上，随即写下《癸酉（1873）春日游云栖和俞荫甫太史二首》（其一）："昨宵风雨天又晴，结伴寻春款款行。一幅梅花无恙在，我来恰好证前盟。"

光绪四年（1878），俞樾弟子徐琪在诂经精舍第一楼旧址旁建俞楼。那年十月，"楼下红梅一枝大放"，彭玉麟来此又

画了一幅《红梅图》，并题识。光绪七年（1881），浙江道员马驷良在俞楼看到彭玉麟画的《红梅图》，即与徐琪商量，由徐琪采购太湖石，负责镌刻和选择安放石碑的位置，马自己来撰写该碑的题跋。

这块碑镌刻好后，矗立在俞楼后，如今收藏在西泠印社内。本是俞楼的红梅碑怎么会入藏西泠印社？

西泠印社办公室原主任王佩智先生告诉我，1964年12月，西湖上进行了一次"破四旧"的大扫除，红梅碑倾倒在地。西泠印社的吴振华先生与俞曲园的一位后人为保护此碑，将碑抬到了西泠印社内。一晃半个世纪，这块碑被誉为"西泠红梅碑"。

后来，我专门到西泠印社去访红梅碑，在数峰阁遗址东侧的碑廊里，我见到了它。此碑高150厘米，宽71厘米，厚约20厘米，遗憾的是碑石上的梅花图和题跋已模糊不清了。

敬一书院的"倒枝梅画"碑

秋高气爽，我登临孤山，见敬一书院大门敞开，便步入中庭，看到有关敬一书院的沿革介绍，最后一句为"2000年在敬一书院地下挖出一块王元章（王冕）的墨梅图碑刻"。我本想入内一饱眼福，但院内尚在整理，遂未能一见，抱憾而归。

我向曾任职于岳庙管理处文物科的沈立新先生请教，他告诉我，这是元代著名画家、诗人王冕画的一幅"倒枝梅画"，此碑被发现后即被保护起来了。后在岳庙秋祭岳飞殉国880周年纪念活动时，我又向岳庙管理处的张婷和徐岑两位同志请教，她们说，这墨梅图碑仍藏在敬一书院内。

是夜，我查阅藏书，在邵玉贞先生编著的《西湖孤山》一书中，找到了王冕"墨梅图碑"的介绍，还看到了"倒枝梅画"

的碑石图片，顿觉王冕画梅真是别出心裁——梅花向来是高洁的，而这画上的梅枝却垂挂在地上了。也许这是王冕晚年之作，经受了人间的磨难，饱受了世事的风霜，不得不低头过那着地而生的日子的一种自况写照吧。

"倒枝梅画"碑拓本的图片上，文字已漫漶难辨，但还能看出有王元章的题跋，有道光丙午（1846）和光绪年间的题跋，还有一位钱塘（今杭州）人瞿世瑛的题跋。经查，瞿世瑛（约1820—1890）对金石书画，无不考索。

据说，王冕画了这幅"倒枝梅画"后，明代书画家徐文长看后感受颇深，写了首《王元章倒枝梅画》诗："皓态孤芳压俗姿，不堪复写拂云枝。从来万事嫌高格，莫怪梅花着地垂。"

这块碑石刻于清光绪年间，在 2000 年重见天日，已成为敬一书院的遗珍。

杭城的四块梅花石碑（下）

杭州有条梅花碑路，这个路名的来历，与德寿宫有关。

《宋史·舆服志》载："禁銮周回，四分之：东则香远、清深、月台、梅坡、松菊三径、清妍、清新、芙蓉冈……"其中，"梅坡"应是观梅的处所，芙蓉冈应是赏石的地方。

南宋灭亡后，德寿宫日渐坍败，到明代时，遗址上老梅已枯，枝干长满青苔，只有芙蓉石伴着枯梅，一片寂寥。明末清初杭州著名画家蓝瑛、孙杕二人合作画了一幅"梅石图"，后被镌成梅石碑，立于遗址之上。

乾隆南巡，特意来到碑前品赏。他还考证出志书上所写的孙杕画石、蓝瑛画梅是不对的，应是孙杕画梅、蓝瑛画石。

浙江地方官看到乾隆如此痴爱梅石碑，便将梅石碑和芙蓉石一同运往北京。有

2009 年复刻的梅石碑拓本

一种说法是，因为原来那块碑已经残败，乾隆命工匠重新摹制两块梅石碑，先刻的那块运回杭州，立于原址，后刻的被放置在圆明园内。

20世纪80年代，杭州市上城区人民政府为重修梅石园，恢复"梅石双清"一景，向社会征集镌刻于清乾隆年间的梅石碑，无果，后请书画家重绘一幅"梅石图"镌刻成碑立于园内。

到20世纪90年代初，《中国文物报》一则"北京大学内藏有圆明园遗物——梅石碑"的消息，引起了我的注意。我趁出差赴京的机会，寻到北大临湖轩小山脚下，终于见到了思慕多年的梅石碑。

原来20世纪20年代兴建燕京大学（今北京大学）时，置放于圆明园的梅石碑被移至该校校园，并按资料重刻了碑座和碑首，它还被列为海淀区重点文物保护单位。于是我来到海淀区文保所，想为家乡之物做一个拓本，但是王宁所长告知，梅石碑是文物，是不能随便拓的，要上级文管部门同意才行。我想到了在京的杭高校友和在京认识的几位文物方面的老先生，足足费了半年左右的时间和精力，王所长终于来信告知拓碑的"约法三章"：一、拓本是文物；二、不得转让和买卖，只能自己收藏；三、拓本要付一定的佣金。我即去信一一应允。

那年秋天，梅石碑拓本寄到家，我的老父亲看后说："这是梅石碑真迹。"杭州日报社的姜青青记者看到后，也迅即作了报道，并对梅石碑作了详尽的研究。

2004年，杭州西湖博物馆征集西湖方面的文物，我将梅石碑拓本捐赠了。2009年，为进一步发掘杭州历史遗存，推进杭州历史文化名城建设，上城区政府决定，由上城区建设局组织实施梅石碑的恢复工程，便是用了我从北京带回来的拓本重

刻的。

梅石碑由当时岳庙文保所的沈立新先生镌刻。前些年，沈立新先生专门写了一篇《复刻梅石碑》的文章给我。读罢得知：刻碑的石材为太湖石，碑高179厘米，宽81.5厘米，厚10厘米。镌刻此碑时，现代设备和传统雕刻工艺并用，运用了先进的刻碑技艺。

该碑立于梅石园后，通过媒体报道，已小有名气。前些年，北京电视台《梅石碑传奇》摄制组，还专程来杭州拍摄梅石碑的故事。

那么乾隆请工匠重摹、运回杭州的梅石碑，下落到底如何呢？

前些日子，我来到杭州孔庙，在碑廊里看到一块硕大的石

王宁所长关于梅石碑拓片的手写信

碑，碑阳的《梅石图》已模糊不清，碑阴的乾隆题诗和碑侧的"清风况梅石，寓以新题；名迹补孙蓝，还斯旧观"等字还相当清晰。

这块陈旧的碑前，有一段说明文字："原碑为明代所刻，今已无存。清代重摹两石，一石在北京大学，一石即为此碑。碑作四面刻。碑阳刻孙杕和蓝瑛合作之《梅石图》及甲辰年（1784年）乾隆御题《梅石碑诗》，碑阴刻庚子年（1780年）乾隆御题《梅石碑诗》。碑之两侧刻有乾隆御题梅石碑对联一副。"

我向原杭州碑林文保所所长陈进先生请教，他告诉我，该碑是1964年年底，从梅花碑附近移入碑林的，这块碑与北京的梅石碑是"双胞胎"。20世纪80年代，要复建梅石园，因这碑上的"梅石图"已漫漶不清，无法复刻，故向社会征集。

原来如此，乾隆请工匠重新摹刻的"梅石碑"在杭州孔庙里呢！

"秋瑾墓表"刻石今犹在

2022年，是秋瑾烈士就义115周年。

1907年春，秋瑾与盟姐妹徐自华、吴芝瑛、徐蕴华相聚于杭州。在瞻谒岳飞墓时，秋瑾说，她平生仰慕岳飞，倘若日后遇难，愿身伴岳飞，埋骨于西泠。

一语成谶，秋瑾竟于当年7月15日殉难。

得知消息后，时年24岁的徐蕴华悲愤写下《吊璇卿先生》两首诗（该诗于1907年8月21日发表于上海《时报》），其一云：

> 惊潮风挟竟狂奔，满地横流日月昏。
> 革命军张何实据，断头台上痛含冤。
> 欲除奴性酬斯志，甘作牺牲不辨言。
> 为告同胞二万万，会开追悼共招魂。

1907年11月，徐自华、吴芝瑛、徐蕴华两次商量关于秋瑾的葬事，定于1908年农历六月初六，秋瑾就义1周年之际，将秋瑾棺柩葬于西泠，并确定由徐自华撰写、吴芝瑛书写"秋瑾墓表"。

撰写"秋瑾墓表"，是为秋瑾做树碑立传、流芳百世的大事，徐自华斟字酌句，夜不成眠，几易其稿，用了近两个月的时间，写就了一篇正文722字的《鉴湖女侠秋君墓表》。

当吴芝瑛看到《墓表》中有秋瑾殉难时"年仅三十有三""例

于岳王坟同不朽云"等语句时，不由思潮起伏，怎能忘记一年前的西泠约定？她奋笔疾书，用平生最娴熟的楷书，一笔一画，工工整整地书就了墓表文。

徐自华又邀请石门有名的金石家胡菊龄先生刻石。终于在当年清明节前，三位盟姐妹将秋瑾棺柩入土，并进行了祭扫。

1908年农历十月，清廷御史常徽到杭州巡视，来到西泠桥畔，看到了"匪首"秋瑾的墓。当即奏报朝廷，要铲平秋瑾墓，并下令缉除"秋瑾余党"，通缉徐自华和吴芝瑛（因徐蕴华年纪尚小，未被列入）。

秋瑾墓被铲除后，《墓表》被遗弃在地。在上海的徐自华、吴芝瑛得知消息后，迅即派徐蕴华潜至杭州，星夜来到墓地。不巧遇到了西湖巡逻队，清兵看到徐蕴华是个年轻姑娘，用枪托狠击徐蕴华背脊，致使她尾椎骨受伤而终身未愈。

待巡逻队走后，徐蕴华与革命党人朱瑞一起，雇人将《墓表》悄悄地从地下启起。因朱瑞的先祖是朱熹这层关系，将《墓表》藏到朱公祠（现楼外楼位置附近）供案下的泥土中。

1911年10月，辛亥革命爆发；1912年1月，中华民国成立。徐自华、吴芝瑛、徐蕴华等人上书给浙江省议会，提出"迎秋瑾骸骨，还葬西泠"的议案。

1912年12月9日，孙中山来到杭州秋祠祭悼秋瑾，并写下挽联："江

《鉴湖女侠秋君墓表》

户矢丹忱，感君首赞同盟会；轩亭洒碧血，愧我今招侠女魂。"

1913年农历六月初六，秋瑾就义6周年时，秋瑾墓重新建成，墓碑上刻着"鉴湖女侠之墓"，《墓表》亦安置墓中。

一晃半个多世纪后，1964年末1965年初，西湖边清理墓葬，秋瑾墓也被列入其中。1965年1月，清理秋瑾墓的园林技术员陈而扬，将秋瑾骨殖等遗物放在陶瓷坛里，埋葬于湖西鸡笼山。《墓表》由市文管部门保存。

1980年1月28日，秋瑾在武汉的孙女王玉琳、王家梁姐妹，写信给时任全国人大常委会副委员长邓颖超，请求为她们到西湖祭扫祖母秋瑾墓地提供方便。浙江省、杭州市有关部门接到邓颖超和中央有关部门的指示后，决定在辛亥革命70周年之际，重修秋瑾墓。

市文管部门的朱德班女士告诉我，当年她和同事来到鸡笼山，取出秋瑾的骨殖坛后，回到岳庙的殿宇前，在地上铺了白布，把秋瑾遗骨一块一块小心翼翼地作了拼接，在一块颈骨上，发现了刀砍的痕迹。

这是秋瑾被斩首的铁证！

呜呼！这也是秋瑾时隔73年后再次回到岳庙。冥冥之中，仿佛命运自有安排。

1981年9月5日，秋瑾遗骸被安葬于新筑的墓穴——西泠桥堍梅花屿头。穴内随葬一方小砚台，刻有

1913年，秋瑾就义6周年，秋瑾六角形石室墓建成

31

"1981年9月5日安葬秋瑾烈士忠骸"的铭文。

笔者与秋瑾孙女王焱华女士合影

当时在市建委工作的陈洁行先生告诉我，秋瑾墓址的选择是由省、市两级政府定下来的，秋瑾执剑的汉白玉立像，倾注了艺术家的心血，体现了秋瑾不屈不挠的巾帼英雄气概。

为了确保秋瑾墓原物的完整性，《鉴湖女侠秋君墓表》也被从市文管部门取出，依然安放在秋瑾墓应有的位置上。

2007年7月15日，我受邀参加了在绍兴举办的秋瑾就义100周年纪念会，秋瑾孙女王焱华和王玉琳等人也前来参加。那天一大早，我们来到轩亭口，凭吊了秋瑾烈士殉难处。

2011年10月，辛亥革命100周年之际，杭州有关部门召开了纪念会。会上，我又见到了秋瑾孙女王焱华，她对我说，昨天到杭州后，她就去瞻谒秋瑾墓，还走到背面去看了《鉴湖女侠秋君墓表》，看到《墓表》完好，她也心安了。

王朝云的《墓志铭》

除了杭州有西湖，惠州也有西湖。

2022年国庆，我在惠州西湖的孤山东麓，见到了宋代钱塘女子王朝云的墓地。一旁还立有清代惠州知府伊秉绶书写的《苏文忠公朝云墓志铭》："东坡先生侍妾，曰朝云，字子霞，姓王氏，钱唐人。敏而好义，事先生二十有三年，忠敬若一。绍圣三年七月壬辰，卒于惠州，年三十四。八月庚申，葬之丰湖之上，栖禅山寺之东南。生子遯，未期而夭。盖尝从比丘尼义冲学佛法，亦粗识大意。且死，诵《金刚经》四句偈以绝。铭曰：'浮屠是瞻，伽蓝是依；如汝宿心，惟佛之归。'"

碑的正文119个字，写尽了王朝云的一生。

自王朝云辞世已逾900年，她的葬地距故乡有千里之远。我与她同为杭州人，总有几分乡情。回杭后，我对她的过往作了详细考查。

苏轼于熙宁四年（1071）出任杭州通判，熙宁七年（1074）秋，离杭赴密州任职。《三苏年谱》载，熙宁七年，苏轼纳朝云为妾。

据徐清祥先生所著《苏东坡雅

《苏文忠公朝云墓志铭》拓片

33

事》记述，王朝云家住保佑坊（在今中山中路附近），其父开扇铺，某日雨后天晴，苏轼路过王父扇铺时，一脚踏下去，不慎被门前泥水溅湿衣衫。王父见之，便请苏轼进门，招呼女儿朝云给苏轼更换衣衫。苏见王父一副病态。王父说自己患痨病且咯血，其妻已故，而今他们是父女相依为命。后来，苏轼来扇铺还衣取衫，王父已命在旦夕，托求苏轼将女儿收养为妾。苏轼看朝云是个聪颖敏捷的小姑娘，便将其接纳。

元丰二年（1079），苏轼因"乌台诗案"入狱，17岁的朝云为苏轼担心不已。同年末，苏轼出狱。元丰三年（1080）春节前夕，苏轼又要调任黄州任团练副使，"本州安置"。正月初一，苏轼一家离开京城赴黄州。在黄州三年，苏轼过着"小屋如渔舟，蒙蒙水云里。空庖煮寒菜，破灶烧湿苇"的清苦生活。元丰六年（1083），王朝云得子，苏轼从《易经》中选第三十三卦的"遁"（意为归隐）字，取名苏遁。遁儿满月时，苏轼写了一首《洗儿戏作》诗："人皆养子望聪明，我被聪明误一生。惟愿孩儿愚且鲁，无灾无难到公卿。"

元丰七年（1084），苏轼奉诏赴任汝州团练副使。七月二十八日，正是酷热暑天，船停泊在金陵（今南京）江边时，遁儿中暑不治，死在王朝云的怀里。这个可怜的小孩，还不满一岁。王朝云悲痛至极，泪流不止。苏轼写下二诗，其中有云："我泪犹可拭，日远当日忘。母哭不可闻，欲与汝俱亡。"

绍圣元年（1094），苏轼被谪惠州安置，王朝云决意伴行。他们长途跋涉，翻山越岭，到了惠州，因无官舍，只得住在嘉祐寺里。

王朝云痛失爱子，郁郁寡欢，常入庵堂寺院，青灯黄卷伴度时日。那时的惠州被视为南蛮之地，对一个在青山绿水间长

大的杭州女子来说，水土不服，终使她身染疫疾而不治。弥留之际，苏轼一直守候在她的身边，王朝云口诵《金刚经》四句偈以绝。此日为绍圣三年（1096）七月初五。

苏轼将王朝云安葬于惠州丰湖（今西湖）栖禅山寺之东南，并为其建了一座六如亭。他还写了《西江月·梅花》《悼朝云》等诗文，寄托深情和哀思。

清代书法家伊秉绶于嘉庆四年（1799）任惠州知府，看到王朝云墓地已一片荒碣，于是在嘉庆六年（1801）修复了王朝云墓，并补刻了苏轼的《朝云墓志铭》。

王朝云去世时只有34岁，但她"敏而好义""忠敬若一"，凡拜谒过她墓地的文人墨客又有谁不为她一声叹息？福建人伊秉绶精篆隶，他宽博古厚的书风，也为这一段过往增添了一种天然的静穆。

吴山脚下，有块"平升三级"刻石

　　有一次，上城区政协文史委原主任瞿旭平告诉我，她在寻访散落在民间的历史文化遗存时，发现吴山脚下的一户人家的墙门里，有块青石板，上面雕刻着花瓶内插有三把短戟的图案，寓意即谐音"平升三级"。她问我有没有保护价值。墙门住户都在这块青石板上洗衣服，青石板作为洗衣板，已有六七十年了。

　　5月18日是国际博物馆日，当天我参观了杭州博物馆举办的"丁丙与十九世纪的杭州"展览后，骑车来到吴山脚下，找到了这座墙门。

　　一位大伯正在青石板上刷衣服。我问大伯："你知道墙门里是什么时候有这块石板的吗？"

　　大伯告诉我，他已经66岁，在他小的时候，这块青石板就在了，是上代人从城隍山上的城隍庙遗址上抬回来的，做了洗衣

"平升三级"刻石

板，他是从小用到老了。我又问青石板上的图案是什么，他说不晓得。

是夜，我查阅了一些资料，得知这块青石板上的图案，是有名堂的，这是一块存世的古代刻有"平升三级"图案的石碑。

5月19日，我再次骑车来到这墙门。这次见到的人多了，有位陶姓大伯，还有两位大姐，他们都很热心地与我交谈。他们说，这块青石板在墙门里起码有六七十年了，说不定有上百年了。他们在石板上搓洗衣服很爽快，很顺手，大家都用得很习惯了。

我取出随身携带的卷尺，量了一下：青石板长180厘米，宽86厘米，厚10厘米。这块青石板可谓大矣！这样大的"平升三级"刻石，一般小庙里是不够格用的，只有规格高的大庙，才有它的位置。应该说，这块"平升三级"图案的青石板，只有省城隍庙或府城隍庙才有资格用。

我对陶大伯说："你看，石板图案上这花瓶里的三把戟（兵器），虽经多年磨搓，还是能够辨识得出来的。下面本来应该刻有小伢儿读书的图案，已经磨损得看不出来了。"他问我："为啥要刻个小伢儿呢？"我说："古人参加科考，做官要达到'平升三级'的地步，都是要从小好好读书，才有望实现的。"

至于这块青石板是何时来到这个墙门里的，后来我又做了一点考证。上城区政协文史委编著的《吴山大观》一书记载，省城隍庙、府城隍庙在1958年被拆除。屈指一算，至今已有60多年了，若城隍庙不被拆除，这块"平升三级"图案的青石板，是不可能落到山脚下这墙门里的。

我又回想起自己儿时的情景来。10岁生日那天，父亲领我到城隍山（吴山），并到每座寺庙里去点蜡烛，父亲说这叫"满

37

堂红"。我至今还依稀记得，在跪拜城隍老爷时，似乎看到过一块有图案的青石板。当时父亲还讲了一些有关城隍的故事，已记不起来了，但对有图案的青石板还有一丝模糊的印象。

原来对人世间"平升三级"的事，我总认为是传说。随着岁月的流逝，读书日丰，才知这"平升三级"的事，在古代却是真的有的。

唐宪宗元和十五年（820），睦州分水（今桐庐分水镇）人施肩吾考中了进士。相传他在科考中一路腾升，高中了状元。这可是县里的大事了。当朝廷派员给施肩吾送状元喜报时，却发生了两个知县争状元的事。

原来施肩吾是在分水县桐岘乡出生长大的，这乡后来从分水县划到新城县（今富阳新登镇）了。于是，两个县官都要争这个状元。盖因唐代朝廷有个规定，凡有高中状元的县，县官可"连（平）升三级"，县里的百姓可免税三年，以示奖励。于是，两个知县争个不休。此事后来惊动了皇帝。唐宪宗认为，这两个县官都是重教育、重人才的，于是做了"和事佬"，下旨让两个知县都"连（平）升三级"。

当然，这只是民间传说。"状元"之名在唐代未必是指殿试第一名，因为那时殿试制度还比较松散。袁枚《随园诗话》就说："古称状元，不必殿试第一名。……当时新进士皆得称状元。"不过，那年进士只有29人（徐松《登科记考》），能考上进士已属不易。

正因为有了这个"平升三级"的典故，后世遂有了"花瓶上插有三把戟、小伢儿认真读书"的刻石图案。那么，这样的刻石摆放在哪里合适呢？那肯定是在城隍庙里最好，因为城隍是保佑一方老百姓的。

　　旧时各州（府）县都有城隍庙，但各地的城隍面前是不是都有"平（连）升三级"的刻石？这很难说，我也没有考证过。往事越千年。"平升三级"的老古话，杭州一带相传在唐时曾发生过的两县争状元的趣事，与吴山脚下老墙门内这块"平升三级"刻石，古今对照，不失为一则"平升三级"的杭州佳话。

对留下忠义桥题刻的补正

2022 年 11 月 18 日，在南宋德寿宫遗址博物馆开放前夕，我受电视台邀请，到留下去看看被列为"国保"、杭州城区唯一有确切南宋题记的古桥——忠义桥。

坐着小船来到桥洞下的东西拱板处，我隐隐约约望见有刻石文字。这些字，历经 800 多年的风雨沧桑，已漫漶不清。所幸的是，有位住在桥对面、年已 94 岁的范美仙老人，保存了她几十年前托人抄录的桥洞内东西两侧拱板上的文字。东侧为："鸿因恭为祝延圣寿无疆，文武百官，增禄□□，风调雨顺，谷果丰登，不思兵戈，万民兴业。"西侧为："四恩三有，各祈如意。嘉定戊寅同干道发等。"

这份抄录，是通过西溪文化研究会金永炎会长和从 20 世纪 80 年代初就一直关注忠义桥历史沿革、年已 90 高龄的沈雍方先生转发给我的。

我一看，这与金永炎先生所编著《西溪的桥》一书中介绍"忠义桥"的文字有所不同。如东侧的"文武百官"，书中为"文武百寮"；"增禄□□"，书中为"财富祝□"；"万民兴业"，书中是"万民乐业"。西侧则少了"福禄奉为舍钱米，施主报答"十一个字；"嘉定戊寅同干道发等"，书中作"嘉定戊寅四月禄□白都千缘僧同于道友等"（"同于"似为"同干"）。

于是，我向沈雍方先生请教。他告知，这是 1985 年时一

位看桥洞内文字的同志抄给范美仙的。我又向金永炎先生请教，他说《西溪的桥》一书中有关忠义桥题刻的文字，是在忠义桥申报文保单位的文本上抄录下来的。

噢，东西两侧拱板上的文字短缺和不同的缘由找到了。

从所镌刻的文字来看，建桥的人、作题记的人，很可能是一位与皇家，或是与文武大臣有牵扯的寺院僧人。

为此，我思虑再三，先从题记中"祝延圣寿无疆"的出处查考。不出所料，此句多为僧人恭祝词。如宋僧德潜在乾道八年（1172）《刊〈大慧禅师语录〉题记》中说："以此功德，恭为今上皇帝祝延圣寿无疆，仰愿皇图巩固。"南宋钱塘（今杭州）人慧开禅师（1183—1260）也在一首诗中说过。慧开禅师的佛法造诣颇深，受到宋理宗的钟爱。史载，理宗皇帝曾赐给慧开禅师一件金襕法衣，这是一种以金线织出花纹的袈裟。慧开禅师为此写了《谢宣赐金襕》："不是鸡足流传，亦非黄

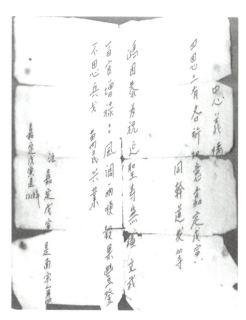
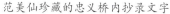
范美仙珍藏的忠义桥内抄录文字

忠义桥

梅分付。九重天上降来，千载臣僧一遇。中兴佛祖宗风，群魔悉皆惊怖。祝延圣寿无疆，志愿皇图永固。"

看到"祝延圣寿无疆"的诗句，我兴奋不已。忠义桥建于南宋嘉定戊寅（1218），是与慧开生活时期有交集的桥，莫非与慧开禅师亦有关系？

明释大善《西溪百咏》载："市上三桥，惟忠义桥最大。居中虹起，石色光细，盖良工巧心，故与众桥异。宋孙侯所建也。兄弟恺笃，故名忠义。"由此推断，当年的孙侯应是留下一带有一定地位的人士。又明末清初吴本泰《西溪梵隐志》载："孙家庵，在穆坞之表。本孙侯香火院，（孙）侯之弟结茅。寺后静适。"由此得知，建桥人孙侯之弟，晚年在穆坞孙家庵出家为僧。

说回到慧开禅师。宋理宗绍定二年（1229），慧开在护国仁王寺编撰《禅宗无门关》一卷，流传于禅林。尔后，慧开常奉召入选德殿为理宗讲经说法。淳祐六年（1246），杭州久旱，理宗请慧开祈雨，甚为灵验。因此，理宗不仅颁赐金襴法衣给他，还敕封他为"佛眼禅师"。在"颁赐"和"敕封"之日，理宗委派近臣来到护国仁王寺。为见证这一庆典，慧开禅师亦会邀请当地的高僧和有名望的人士到寺里来，孙侯与其弟很有可能位列其中。

我的猜想是：孙侯及其弟见证庆典后，便盛邀慧开禅师到留下来，也可借此请禅师看看出于他们之手的忠义桥，并请慧开禅师给忠义桥作文着墨。慧开禅师欣然提笔，题记的开头就是"鸿恩恭为祝延圣寿无疆……"尽管离建桥时间已过去二十八年，但慧开禅师落笔时，仍然题上：嘉定戊寅四月。嗣后，孙侯兄弟将慧开禅师的题记镌刻在桥洞内东、西两侧的拱板上。

岁月流逝，风雨沧桑。800多年后，再拜读慧开禅师《谢

宣赐金襕》诗和他所行之事，再看题刻的内容，就比较好理解了。为此，对于题刻中的某些文句，我经推敲后，冒昧地认为，有几处文字须作点补正：

"财富祝□"，古语中有"财富祝福"一说，故可补个"福"字；嘉定戊寅四月禄□，禄字后面可能是个"神"字，从天干地支来考查，甲禄在寅，会给民间带来福运；"白都千缘"的"白"字，许是个"百"字，成"百都千缘"，这样"百"与"千"二字对仗，句亦顺畅。

如此梳理"补正"后的题记，东侧为："鸿因恭为祝延圣寿无疆。文武百寮，财富祝福。风调雨顺，谷果丰登。不思兵戈，万民乐业。"西侧为："福禄奉为舍钱米，施主报答。四恩三有，各祈如意。嘉定戊寅四月禄神，百都千缘僧同干道友等。"

令人欣慰的是，800多年前，留下一带，亦可以说是杭州及其"百都"的百姓，梦寐以求的"谷果丰登""不思兵戈""万民乐业""各祈如意"的好日子，终于在今天得以实现。

偶传红叶到人间——半山桥联留佳话

2022年12月，在省里召开的一次会议上，我见到市规划院的华芳女士，她告诉我，国家对申遗后的大运河保护力度和历史文化的挖掘更为重视，希望我能在这方面做点工作。我告诉她："上塘河上的半山桥（衣锦桥）是一座始建于唐代的桥。"她说："那么对这座桥的历史文化能否挖一挖？"

不挖不知道，一挖可真的把一些陈年老古董挖了出来。

半山桥，原名衣锦桥，相传建于唐贞观年间（627—649）[①]，距今已有1300余年历史。据传，皇帝下旨在半山前上塘河建一桥，为标榜皇恩浩大，取名"依君桥"。朝廷大臣认为把"君"字刻在桥上，对君主不尊，故改名"衣锦桥"。昔日这一带为杭州城和笕桥、彭埠等到半山的必经通道。因该桥北依半山，故当地民众呼为半山桥。

又据杭州市文物保护管理所编《杭州市区文物保护单位图录》，衣锦桥又称半山桥。据2004年出土于桥腹的清乾隆年间

半山石桥柱地在城北

欲泛仙槎向何处

偶传红叶到人间

衣锦桥桥联

[①] 钟毓龙《说杭州》"半山桥"条："旧名依锦桥，横跨上塘河，唐贞观年间建。"此处"衣"作"依"。

所镌之《衣锦桥重建记》碑载，衣锦桥始建于唐乾符二年（875），毁于南渡之末，复建于元世祖时。明天启三年（1623），桥将圮，进行修葺。清乾隆四十三年（1778）重建。2004年，该桥又经整修。

衣锦桥（半山桥）桥柱上刻有一副对联："欲泛仙槎向何处；偶传红叶到人间。"桥联一般记录桥所在的方位和所起的作用，但衣锦桥的桥联却与众不同，这是一则与"红叶题诗"美好传说相关的唐代人文故事。作联者可能是一位熟悉杭嘉湖一带历史文化的人士。他将唐代诗人顾况"红叶题诗"的故事搬了出来。

相传，唐天宝年间（742—756），诗人顾况在东京洛阳宫苑旁捡到了从上阳宫水道流到水池的一片红叶，红叶上写了一首诗："一入深宫里，年年不见春。聊题一片叶，寄与有情人。"第二天，顾况于是也用红叶写了一首诗，然后将这片红叶传进宫里，让人想不到的是，这片红叶真的到了之前红叶题诗的宫女手中。不久，就发生了历史上的"安史之乱"，顾况在战乱中找到这名宫女，两人逃出了上阳宫，并喜结连理，还白头到老。

为考证顾况有没有发生过这样的故事，我从《全唐诗》卷二百六十七顾况的诗中，先是找到了顾况写临平一带山水洞壑、田园风物的杂诗十四首，因临平与半山相近，从诗意来分析，顾况有可能到过半山。还真的查到了《叶上题诗从苑中流出》："花落深宫莺亦悲，上阳宫女断肠时。君恩不闭东流水，叶上题诗寄与谁。"看来"欲泛仙槎向何处；偶传红叶到人间"的出处，在顾况身上。

为查阅半山桥桥联的史事，我又读了钟毓龙老先生的《说杭州》，找到了巾帼英雄秋瑾到过半山娘娘庙的往事。据传秋瑾曾到此庙，题一联曰："巍巍肝胆女儿，有志复仇能动石；

衮衮（有作'堂堂'者）须眉男子，无人倡义敢排金。"

拜读秋瑾女士正气浩然的联语，忽而使我想起秋瑾的盟姐妹徐自华、徐蕴华是桐乡石门人，秋瑾是到过她们家的。囿于当时的交通条件，秋瑾走水路到石门，经过半山，敬谒半山娘娘庙，不是没有可能的。从宋代诗人范成大的诗"石门柳绿清明市，洞口桃红上巳山"（《暮春上塘道中》）可知，从上塘河过半山到石门是一条传统的水路。秋瑾留给半山娘娘庙的这副对联，当为镇庙之宝了。

这真是（注：桥畔有宋代民族英雄文天祥塑像）：

唐代传奇唐代桥，又闻侠女到此庙。

半山自古留胜迹，英雄相伴桥更骄。

附记：

①后来到半山桥，桥柱上的对联已漫漶了，只得将清代光绪年间刻印的《西湖楹联》中的半山石桥柱联用上。

②唐代孟启《本事诗·情感》载："顾况在洛，乘间与三诗友游于苑中，坐流水上，得大梧叶，题诗上曰：'一入深宫里，年年不见春。聊题一片叶，寄与有情人。'况明日于上游，亦题叶上，放于波中，诗曰：'花落深宫莺亦悲，上阳宫女断肠时。帝城不禁东流水，叶上题诗欲寄谁？'后十余日，有客来苑中寻春，又于叶上得诗，以示况，诗曰：'一叶题诗出禁城，谁人酬和独含情？自嗟不及波中叶，荡漾乘春取次行。'"诗中文字稍异，当是原始出处，传说故事演绎于此。

③王灿芝《秋瑾女侠遗集》（中华书局1929年）载有秋瑾《题动石夫人庙》："如斯巾帼女儿，有志复仇能动石；多少须眉男子，无人倡义敢排金。"

吴山曾有"观星台"

20世纪90年代，我在西湖周边的山上看到一些断碑残碣，其中，在吴山上看到一块刻有《吴山江东庙碑记》的断碑。当时我投稿给《杭州日报·下午版》，不日，在头版头条刊登了一篇《西湖断碑残碣谁收拾》。

文章见报后，当时的杭州碑林文保所陈进所长打电话来，约我一起去西湖周边山上看看断碑残碣。他风趣地说，这些断碑残碣，不发现不晓得，既然发现了，就要由"我"（注：代表碑林文保所）来收拾了。

刻有《吴山江东庙碑记》的断碑后被放入杭州碑林，该碑背面有"观星台"和"辛酉七月"几个字。陈进又邀我去看。根据陈进考证，吴山上曾有过观星台，这"观星台"三个字，很像是康有为的笔法。

听了陈进的介绍，我对吴山上的观星台产生了兴趣，遂而查找了一些史料，请教了一些先生，作了一些粗浅的考证。

田汝成在《西湖游览志》中记载："至德观在宋浑仪台侧……绍兴间建……元至正毁，浑仪无存……观侧宋有太史局，置神御殿……测验浑仪所，台上有浑仪，下有土圭。"

浑仪所，即天文台。我在史料中进一步查证，吴山东北麓的山顶上设有浑仪所，上有古代观测天象的铜制仪器，"色泽如银如玉，精致特甚"。在当时京城众多的皇家机构中，这是

唯一的科学研究部门。

吴山上的太史局，隶秘书省，掌测验天文、考定历法等，设有春官、夏官、中官、秋官、冬官等，还设有测验浑验仪刻漏所（宋官署名，属太史局，掌浑仪台与天文院）、钟鼓院、印历所。

绍兴二年（1132）至绍兴十七年（1147），吴山浑仪所由一位名叫杜彝元的天文学家在管理。当时，所里有"水运仪象台"，用来观测天体的运行情况。水运仪象台，是宋代天文学家苏颂等于元祐年间（1086—1094）组织制造的，是世界上最早的报时器和最古老的天文钟。水运仪象台总高约12米，底宽约7米。《四库全书总目提要》在介绍苏颂《新仪象法要》时说，水运仪象台共分三层，上层是放置浑仪的观测室，中层密室内为旋转的浑象，底层是动力装置和报时钟。它以水力推动，通过变速与旋转装置，将三部分仪器运转起来。土圭，又称圭表，是古代测量日影长度以定方向、节气和时刻的天文仪器，包括圭（平卧的刻度水平尺）和表（垂直竖立的标杆两部分）。对于居住在北半球的人来说，中午表影总在圭影的正北方向。

在杜彝元执掌吴山浑仪所期间，他发现，春分这天，太阳落山之后，天黑得很快；他又通过仪器观测，发现了偏移晨星和南极星表的变化，这一发现为天象观测和测量作出了重要贡献。

由此推测，在南宋，吴山浑仪所有水运仪象台等设施，应该是一座天文设施比较完备和先进的天文台。那么，吴山至德观旁发现的这块"观星台"碑石，是不是吴山浑仪所的遗存呢？

我在查阅《竺可桢日记》时发现，竺可桢也曾在吴山上见到"观星台"碑石，但日记中没有提及该碑石为何人、何时所

吴山江东庙断碑

"观星台"题刻

镌刻。由于无法再对"观星台"碑石作进一步查考，我这一查考就此搁了下来，一搁就搁了20多年。

2023年3月，在一次会议上，我见到了杭州气象台的麻碧华女士，与她话及"观星台"残碑。她对观星台也深有研究，并邀我到台里去看一下杭州气象发展史的展厅，这样对我搞清"观星台"的来历是有好处的。

不看不知道，一看不得了，我真是大开眼界！杭州在吴越国和南宋时期，天文气象方面有多项成就：石刻写实性天文图——吴越国马王后墓天文图，观星台图——南宋清台图，系统的风向观测记录——南宋杭州风向观测记录……

麻碧华又将南宋吴山观星台的由来作了介绍。南宋迁都杭州后，将太史局所属具体观察天文、气象的崇天台建在吴山之巅，称为"清台"（天文台）。该台于绍兴十四年（1144）动工，到绍兴三十二年（1162）全部建成。不幸的是，该台在嘉熙二年（1238）遭火灾焚毁，翌年进行修复，几十年后，该台又在德祐元年（1275）遭火灾损毁，直到元至正十五年（1355）重建。明天顺六年（1462），道士吴志中在清台原址上建了一座庙，后这座庙又被大火焚毁。后人在万历丁丑年（1577）刻了块江东庙碑石。天启辛酉年（1621）七月，又有人在碑背面镌刻了"观星台"三字。据麻碧华推考，"观星台"碑石可能是一位名叫来三聘的孝子所立。

对此，我又作了一些考证。据陈景钟汇辑、莫杕续订《清波三志》载，《吴山江东庙碑记》为明萧山人来三聘在明万历丁丑年（1577）秋所写，记述了迁建此庙是他的侄子来端操出的主意，为建庙，来端操还捐了千金，并请来三聘写了一篇《吴山江东庙碑记》。

六年后，来三聘考中进士。嗣后，出任江西右布政使等职。后来三聘告老还乡，重游吴山，江东庙还在，他想看一下《吴山江东庙碑记》，惜未镌刻立碑，于是他出资将《吴山江东庙碑记》镌刻成碑。

遗憾的是，几百年过去了，"观星台"碑成了断碑，下半部分文字缺失，已无法查证是何人所题。

北新关遗址碑的史事溯往

我家就在运河旁。

古运河水平静壮阔，驻足于此，总是想到很久以前，京杭大运河的水上交通是非常发达的。自明代起，大运河上督运漕船、盐船、粮船及民间商船来往如梭，极大地带动了南北货物的流通。运河码头呈现出一派"帆樯如林，货物如山"的场景。

2023年春，我到台儿庄一游。台儿庄古城地处鲁苏豫皖四省交界，是京杭大运河的一个中心点，在此地的中国运河税史馆的图文介绍中，看到"以北新关为例"的文字，忽一想，这不是与杭州有关的吗？于是我就仔仔细细地看，认认真真地抄。这既能追溯北新关的史事，亦可增知长识。

各尽其职把好关

北新关是运河南端也是浙江省内最重要的钞关（明代征收内地关税的税关之一），自明宣德四年（1429）设立，清同治三年（1864）告终，前后有430多年的历史，后自道光元年（1821），"裁浙江盐政，改设杭州织造，兼管南北新关税务"。

北新关内部有一套自己的管理班子。书吏，负责关务的全面工作；书记员，负责税款的记录、发放、监督、审核等；稿生，鉴别收取钱钞、银两的真伪；更快，即押钞员，确保钱钞、银两的安全流向；钞户，负责保管钱钞和银两；扦子手，负责查验丈量货物。此外还设有督验等职务。

船入北新关，关关严谨。"待船入关，给黑筹，定编号数，照单给筹，按次验收"；商人填写的清单内，要报告所载货物名称、出入地点，或货物销往何处，如"某所属县商户某人""缎绢箱几十号，一号某缎几匹，某缎衣几副"；船户也要填写清单，要注明所载货物名称、数量。船单的格式是"某县船户某人，今报某船一只，载某货物若干"，不可瞒报，所报足实。

北新关遗址碑

此外，相关各户、过塘主人、船埠头都要报清单。"说明出关货物、店户收买、店户递数；出关船埠头代写埠头递数，出入货物，经某处过塘，则过塘主人递数；其余丝牙、绸牙、青姜、白果、靛青牙人，亦各递数查考。"

待出关时，要缴税取货票。商人缴纳税款后，税官给商人货票。"票中填注：本商户报到货物，该纳钱钞折银，除发该官吏收缴外，合格的给票执照，交关务员验实裁角，缴纳税款后，给红筹，船出关。"

从梁头到梁头座数，滴水不漏

按朝廷规定，官员的船、太监的船、进士和举人的船过关可以免税。但对普通船只，在计算税款时，税官除了要查验核

实清单，还要量船量筏。

在参观中，我还了解到一个收税计算单位：一百料（古代一百料约等于一立方丈）。以一百料为单位，计所载之多寡，向这艘船征税。根据船头长度与梁头座数进行估算，如遮洋船的头长一丈一尺，梁头十六座，便算作一百料，以此作为征税单位，计算纳钞银两（税）多少。这里需说明一下，梁头和梁头座数是两个不同的概念。梁头是清代对运输船征税的名目，"船计丈尺输税，曰'梁头'"；梁头座数是个宽度概念，用于计算船的容量。

各关对过往船只、竹木排筏进行测量。船只量大小，竹木排筏量长宽。弘治三年（1490）规定，竹木排筏过关，以绳量估，但绳子伸缩性比较大，测量往往不准确。正德四年（1509），改为竹篾测量。

运河税史馆内还有关于大运河沿线的临清、杭州（北新关）两个钞关的介绍，所收的税款均为朝廷直属，需分别缴本色钞（大明宝钞）与折色银（银两成色），前者归内府，以备皇帝赏赐专用，后者归太仓库（国家储备库），用于边防军需，均属专款专用。

北新关自景泰元年（1450），到万历四十八年（1620）的170年里，每年船料商税银为四万两；天启元年（1621）到天启四年（1624），每年新增银二万两；到崇祯二年（1629）北新关新增银八万两。

随着历史的变迁（明代至清代）和交通工具（火车、汽车）的发展，大运河上曾经辉煌的船只、钞关、码头所起的作用日渐消退。

从台儿庄回来后，我又到大关桥不远处寻访，见到古老低矮的北新桥和矗立的"北新关遗址"碑，碑上刻着："北新关

53

商贾云集，千艘万船，往返不绝……征税量居全国二十五个税关中第五位。清康熙二十五年（1686年），此关收税银达十万两之多，约占全国各关税银总额的百分之八点八……"

读拭碑文，深深感受到北新关曾是出过"大力"的啊！虽然今天已湮没在历史的长河里，但后人并没有忘记它。

重立吴山"有美堂记"碑石

　　杭州曾是吴越国的都城，吴越钱王采取"保境安民，发展农桑"的政策，建都七十多年，桑麻蔽野居民富。据《吴越备史·补遗》载，宋太祖赵匡胤即位后，钱俶纳贡宋太祖、宋太宗两朝金银珍宝无数，仅丝织品就有绫罗锦绮 28 万余匹，色绢 79.9 万余匹。同时，吴越国在杭州的城市建设中功劳不小，筑了钱江海塘，在西湖附近建了北高峰塔、南高峰塔、雷峰塔、保俶塔，西湖有了佳丽雏形，杭州日渐成为江南的首富之地。

　　正因如此，到了宋代，朝廷对派往杭州的官员十分慎重。嘉祐二年（1057），仁宗钦定龙图阁直学士、尚书吏部郎中梅挚出任杭州知州，写下《赐梅挚知杭州》，为其饯行。

　　梅挚到任后，除了处理日常政务之外，也常常游走于湖山之间。一天，梅挚走到吴山山顶，放眼一看：此处南眺钱江，北望西湖，襟江带湖，正是"地有湖山美"！于是他命人在吴山顶上建了一座堂屋，取名"有美堂"。梅挚修书一封遣人送至汴京，请文坛高手欧阳修为"堂"作记。然而欧阳修未予理会。梅挚连续六次写信给欧阳修，可欧阳修仍未动笔。

　　梅挚离开杭州到金陵赴任后，第七次写信给欧阳修，再次请他为"有美堂"作记。此时的欧阳修认为，梅挚已离开杭州了，还念念不忘请他作记，若再不提笔，对不起朋友，于是作了一篇言简意赅、叙述杭州山水史事的《有美堂记》。文中写道：

"独钱塘自五代始时，知尊中国……不烦干戈，今其民幸富完安乐……邑屋华丽，盖十余万家……独所谓有美堂者，山水登临之美，人物邑居之繁，一寓目而尽得之。盖钱塘兼有天下之美，而斯堂者又尽得钱塘之美焉……"

梅挚读到这段文字后大为赞叹，认为既要有大家之文采，亦要有大家之墨宝。梅挚想到了书坛大家蔡襄，请他书写《有美堂记》。然而梅挚不久就因病去世了。

而蔡襄呢？当他接到梅挚的托书后，因其在京任职，公务繁忙，便耽搁了下来。时间到了嘉祐八年（1063），仁宗驾崩，英宗即位。次年改元"治平"。三月，英宗听信谗言，无端猜疑蔡襄在其立太子和继位前后，有言论和奏疏反对他，尽管朝中宰执大臣一致辩解，但英宗不能解疑。治平二年（1065），朝廷诏准蔡襄辞去三司使之职，以端明殿学士、礼部侍郎知杭州。欧阳修得知后，对蔡襄致以慰问，蔡襄也作了答谢。

蔡襄于重阳节来到吴山，想到了梅挚请他书写《有美堂记》的事，他写下这首《重阳日会有美堂南望》：

越邑吴封绣错分，华堂繁吹半空闻。

山峰高下抽青笋，江水东西卧白云。

菊蕊芬芳初应节，松林照耀欲迎曛。

州人不见归时醉，未拟风流待使君。

诗中对有美堂的景致作了一番赞誉。治平二年（1065）九月重阳节后，蔡襄书写《有美堂记》，后立《有美堂记》碑石。

这处凝聚着三位大家心血的作品，成为当时吴山上的著名景点，苏东坡与许多文化名家都曾来到有美堂观《有美堂记》碑石。然而，令人遗憾的是，在南宋末年战火中，《有美堂记》

重修的《有美堂记》碑石

碑石遭毁了。

　　2006 年 6 月，我国首个文化遗产日主场城市活动在杭州举行，市里邀我参会。会上，我提出应该对杭州和西湖上某些历史文化遗存给予修缮或重建，其中提到了有美堂和《有美堂记》碑石的往事。不日，我就接到有关部门的电话，说市里决定重立吴山《有美堂记》碑石，背面镌欧阳修像。

往事越千年,《有美堂记》碑石如今得以重立,我很激动,写下了一首诗:

两位学士知钱塘,吴山立石有美堂。

回望东南第一州,历尽沧桑更辉煌。

李叔同刻碑作《送别》歌

李叔同的《送别》歌，是 20 世纪二三十年代的名曲，至今依然经典。李叔同是在什么样的情况下创作这首歌的？我想这还要从西湖孤山冯小青的故事讲起。

相传冯小青原是广陵（今扬州）的世家女，父亲为官，母亲亦是大家闺秀，冯小青自小接受良好的教育。由于时局动乱，冯小青父母双亡，家道中落。这时有位远房亲戚杨夫人，带着冯小青来到杭州，寄住在冯员外家中。冯员外做丝绸生意，与冯小青父亲有过交往。冯员外的长子冯通，爱好文墨，十分儒雅。这年元宵，冯家举办了元宵灯会，冯通出了一则"话雨巴山旧有家，逢人流泪说天涯。红颜为伴三更雨，不断愁肠并落花"的灯谜，无人猜答。而冯小青却被哀婉伤感的诗句所触动，当即猜中——"红烛"。这番知心会意，打动了冯通的心，尔后小青便做了冯通之妾。

冯通之大妇崔氏，见小青才貌双全，甚是嫉妒。《西湖梦寻》载："大妇奇妒，凌逼万状。"小青被软禁在孤山佛舍，由尼姑看管。小青在读《牡丹亭》后写下："冷雨幽窗不可听，挑灯闲看牡丹亭。人间亦有痴于我，岂独伤心是小青！"

此后不久，冯小青忧愤离世，年仅 18 岁，死后葬在孤山玛瑙坡。其墓曾被湮没，清道光年间（1821—1850），有好事者修缮过。后来，也有人将冯小青的故事编为演出剧目，如朱京藩《小青娘风流院》等。

岁月流逝，人世沧桑。1915年农历五月，南社社员冯春航将在杭州出演有关冯小青的剧目，他邀请柳亚子、王海帆、李叔同、姚石子等27位南社社员一同观看。柳亚子提议，在观剧之前，应先到孤山玛瑙坡冯小青墓地凭吊。悼念活动结束后，他们在楼外楼吃午饭，文人相聚，杯酒尽欢。

当日下午，一行人在西泠印社举办了西湖雅集，并请亚子先生即席题碑一篇。柳亚子欣然提笔写下："冯郎春航，能歌小青影事者，顷来湖上，泛棹孤山。抚冢低回，题名而去。既与余邂逅，属为点染，以示后人。用缀数言，勒诸墓侧，世之览者，倘亦有感于斯。民国四年夏五，吴江柳亚子题。"柳亚子撰毕，南社的20余人都推荐既是南社社员又是西泠印社社员的李叔同来书，李叔同也欣然接受。

那时，李叔同在浙江省立第一师范学校（今杭州高级中学）任图画音乐教师。为了将此碑文字写好，李叔同以魏碑体来书，字迹骨强气盛。碑文书好时恰逢端午节，由于民国初年将"端午节"改为"夏节"，于是李叔同在"民国四年"下面写了"夏五"两字。

李叔同将碑文送到住在孤山巢居阁的冯春航。冯春航请来刻工镌刻，岂知这个刻工是不识字的，只能摹刻，为了不使碑上刻错一字，李叔同常到巢居阁去指点。

于是，李叔同经常在下课后，从学校出钱塘门，过白沙堤，

柳亚子题碑

60

到孤山巢居阁。一路所见，风中飘拂的柳树、芳草萋萋的长堤和落日下湖西的山外青山，有时晚风中隐约传来悠扬的笛声。这勾起了李叔同的情思，想起了在日本留学时曾吟唱过的《梦见家和母亲》，于是写成《送别》："长亭外，古道边，芳草碧连天。晚风拂柳笛声残，夕阳山外山。天之涯，地之角，知交半零落。一瓢浊酒尽余欢，今宵别梦寒。"（丰子恺编《中文名歌五十曲》）。

20世纪80年代初，我到北京广济寺，见到著名佛教学者、研究弘一法师的专家林子青（1910—2002）先生，得知我是杭州人，林子青先生告诉我，李叔同1928年以后居住在福建厦门。那时，他已是弘一法师。他俩经常见面，这段书字、刻碑、作歌的往事，李叔同先生原原本本告诉了他。

尔后，林子青先生邀我到塔院青冬园家中，将他编撰的《弘一法师年谱》给我看："一九一五年（民国四年乙卯）三十六岁……是年在杭所作诗词颇多，如《早秋》《悲秋》《送别》《忆儿时》……"

林子青先生还对我说，20世纪40年代，他坐船游西湖，在孤山放鹤亭畔上岸，凭吊了冯小青墓，见到了柳亚子文、李叔同书的这块碑石。可在70年代再游西湖时，这碑石却不见了，甚感惋惜。

1985年，我在杭州古籍书店的严宝善先生处发现了这幅柳亚子文、李

《弘一法师年谱》书影

冯小青墓址处新建碑石

叔同书的碑石拓片，大喜过望，买了回来。

2004 年，西湖博物馆筹建时，我将该拓片作了捐赠。2006 年 6 月，我国迎来了第一个文化遗产日（2017 年改为"文化和自然遗产日"），我向市里建议重刻柳亚子文、李叔同书的碑石，市里很快作了批示。

不久，西湖风景名胜区管委会岳庙管理处的沈立新先生打电话给我，他们研究决定要将柳亚子文、李叔同书的碑石，在孤山原冯小青墓址处重立，但由于路面的局限，只能按原碑比例缩小制作。

此碑立后，我与原碑的文字核对了一下，发现少了一个"五"字。我将民国初年曾取消"端午节"的事，讲给沈立新先生听，他恍然大悟：李叔同为避"端午"，用"夏五"，确是费了心思的！

而今，每当我到孤山，总要去看看这块蕴含着文化故事的碑石，仿佛见到了百年前柳亚子、李叔同、冯春航等人为立碑所倾注的心力。同时，这世上的事总是有利有弊的，正是刻碑人的不识字，才为李叔同写下《送别》歌制造了机会。

康熙灵隐诗碑的由来

2023 年元宵，我到扬州大明寺一游。见寺内挂有不少碑石拓片，便向拓碑人殷小重先生请教，是否有关于杭州西湖的碑拓。他随口说，有一幅康熙灵隐诗的碑拓。我不觉一怔：康熙帝的灵隐诗怎么会在扬州大明寺的？他说这是康熙帝赐给扬州知府高承爵的。康熙帝御驾南巡，高承爵护驾有功，于是将这御制诗赐给他。至于是在什么时候、在哪个地方赐给高承爵的，他说没有研究过，也说不清楚。

康熙帝的灵隐诗怎么会刻成御碑留在大明寺？我十分好奇，便作了一番查考。

据《康熙起居注》载，皇帝在康熙二十八年（1689）正月初八离京，开启他的第二次南巡（而南巡到杭州还是第一次），二月初九驻跸杭州府行宫，十三日往绍兴祭禹陵，十五日返回杭州府行宫，十六日在行宫召见并赏赐杭州的满汉官员……康熙帝"因杭州地湿，水土不甚相宜"之缘由，下诏翌日，即十七日，离杭返京。

从这行程的时间段来看，康熙帝在杭州逗留的时间，只有短短的八九天。再从行程的安排来看，可在杭州游览西湖山水的，仅有几天时间，其中有一天是游灵隐寺。

康熙帝到灵隐寺时，寺中方丈谛晖禅师率众僧迎候。康熙礼佛后，在谛晖的陪同下，登上了北高峰。也许是"杭州地湿"

的原因，康熙帝眺望山色时，只见灵隐寺在云雾缭绕之中。回到寺里后，谛晖禅师恭请康熙留墨宝。康熙帝思索后，便书下"云林"二字，并赐名"云林禅寺"。也许康熙在登上北高峰和灵隐寺礼佛时，思绪起伏，似有诗意酿入腹中……

康熙灵隐诗碑

后康熙帝驻跸江宁府（今南京），三月初一，他下谕：扬州知府高承爵着从优升补江苏按察使。于是高承爵随驾同行，三月初四驾至扬州。这天，高承爵陪护康熙帝游大明寺，康熙帝一看"大明"二字，心中甚是不爽，于是为其改名"栖灵寺"。三月初五，御舟过宝应县、淮安府；初六，驻跸清河县清口；初七过清河县、桃源县；初八，驻跸舟中，这时御舟即将进入山东境了。康熙帝对高承爵的一路护驾同行很满意，又得知高是一位清廉的官员，且精于书法，很有可能将在舟中写成的灵隐诗赐给了高承爵。

据《大明寺志》载，大明寺东面廊墙壁上置长方形康熙诗碑，是康熙二十八年（1689）南巡时，康熙帝赐扬州知府高承爵的御制《灵隐》诗，高承爵勒石建亭以奉。碑文云："灵山含秀色，鹫岭起嵯峨。梵宇盘空出，香云绕地多。开襟对层碧，下马抚烟萝。羽卫闲来往，非同问法过。灵隐。"此石刻上方有正方形康熙御印。

几百年过来，这康熙御碑怎么会保护得这么完好无损？

1966年，根据周恩来总理的指示，扬州地方政府坚决保护大明寺文物古迹。于是大明寺与灵隐寺一样，采取封闭庙宇的措施，在"文革"中，大明寺幸免于难，成为扬州唯一没有遭毁的寺院。这样，康熙御碑也就被保护下来了。

我向西湖风景名胜区灵隐管理处的邵群女士征询，她告知，2007年夏，杭州市园林文物部门得知，扬州大明寺有康熙灵隐诗御碑，于是参照着重镌碑石，立于灵隐景区。杭州对别土离乡、散落在外地的，只要是西湖山水间的古物，一定会想方设法寻找回来的。康熙灵隐诗碑，依然在西湖山水间熠熠生辉！

真际寺古碑与胡雪岩口碑

1981年夏，在古镇余杭龙船头的一间小平屋里，我拜访了清朝举人杨乃武的孙媳妇、时年82岁的陈慕贞老人。她问我有什么事，我说想听听她老人家讲"杨乃武与小白菜案"的事情。她说同治十三年（1874），杨乃武的胞姐杨菊贞要到京城去告御状，苦于囊中无钱，来到胡雪岩家里求助。这一天，胡雪岩正好在接待京官夏同善，夏是杭州人，听了杨菊贞的一番冤情后，遂有了同情之心。杨菊贞得到胡雪岩雪中送炭的二百两白银，真的是感激不尽。陈慕贞老人发自肺腑地说："胡雪岩真是个大善人！"

1997年8月，我和夫人朱福英在五云山顶真际寺遗址的古井旁，看到一块用石碑搭起来的洗衣板。

这是块《重建前后大殿》碑："五云古刹，盖仙佛所际之处□□普觉禅师，此道场曰静虑。后周（951—960）有志逢者，即伏虎禅师，此道场曰定慧。宋敕曰真际院。历劫因兵燹……同治甲子（1864），秽氛悉荡……整理香积，重修东斋堂、彩霞房……仰蒙诸大护法乐善如是。（同治）壬申（1872）春起，建天王殿、头山门、正大殿、西斋堂及

《重建前后大殿》碑记

厨柴寮等屋有成，聿新庙貌，冀宣斯德，刻石永昭，流芳不朽。光绪念伍年（1899）榴月（五月）……"读罢碑文，始知古寺的沿革。而碑文下刻有"重建殿宇相助芳名"，第一个是"胡光墉助洋壹仟元"，第二个是同治帝即位之年（1862）的恩贡胡恭辰，"助洋陆佰五拾元"。可见胡雪岩不只自己捐，还请同人一起捐呢。同治四年（1865），上天竺法喜寺天王殿重修，胡雪岩（名光墉，以字行）捐助白银二百两。历史学家徐映璞先生的《杭州山水寺院名胜志》中，有关于真际寺的记载："清季同、光之间，杭人胡光墉以富名，于院宇多所崇饰。……殿隅有大钟，钟口稍竖，与今制异。上列泡钉四组，每组五五成行，复于行间，列两钉相系属，如棂星，共百有八数……拂拭细读，乃发见'钱塘弟子胡光墉喜助'字样，始知亦由雪岩购致也。"志中还记述北高峰的灵顺庙亦有胡雪岩捐的铜钟："光绪初重建（寺庙）……初富民胡光墉亦置有日本钟，抗战时日人欲取之，而无孟贲之力，乃自悬崖下滚，竟触石碎。甚矣，成之难而毁之易也……"由此可知，胡雪岩捐北高峰灵顺庙的铜钟，在 1937 年 12 月 24 日杭州沦陷后毁于日寇手中。

据徐骏先生考查，胡雪岩到日本，在纪州、大阪、奈良、江州等地，以低廉的价格从各寺庙购得五十口佛钟，经海运到宁波，再经浙东运河运抵杭州，尔后，在钟上镌"钱塘弟子胡光墉喜助"字样，捐给杭州西湖、天目山，以及湖州、苏州的寺庙。现今西湖岳庙尚存有胡雪岩喜助的

"重建殿宇相助芳名"

铜钟。

胡雪岩不只为杭州西湖做善事，还为国家做大事——助力左宗棠收复新疆伊犁地区的失地。清廷当时为暂罢或是立即收复失地而举棋不定，左宗棠则主张西征。光绪元年（1875）三月，朝廷任命左宗棠为钦差大臣，督办新疆军务，讨伐阿古柏。当时面临着军饷和军火两大难题。清廷仅拨二百万两作为西征饷银，并要求东南各省协办三百万两。时年64岁的左宗棠，是抬着棺材去收复新疆失地的。而胡雪岩在上海主持采运局局务，先后六次代借外款，遂使西征之师不再"闹饷"。左宗棠对此感激不尽。左宗棠收复新疆失地后，问胡雪岩想获哪种奖励，胡雪岩说想弄件黄马褂穿。光绪四年（1878），胡雪岩得到朝廷"赏加黄马褂"的殊荣。

胡庆余堂的张永胜先生告诉我，胡雪岩对左宗棠西征的支持，不仅在资金上，还在胡庆余堂里，为军士随身所携的药物，如"诸葛行军散""辟瘟丹"等就是在那个时候研制出来的。他还告诉我，胡雪岩做的善事多着呢！"钱江义渡"也是胡雪岩做的。胡雪岩看到钱塘江上没有一座桥，萧山、绍兴、金华一带的百姓到杭州来，都要从西兴乘小船过江，再到望江门上岸。钱塘江有潮水，风浪也大，易出险情。同治三年（1864），胡雪岩报请巡抚批准，捐助白银十万两，用了五年的时间，在江干三廊（郎）庙和萧山西兴、长河之间建造了码头。他还建造了数艘方头平底的大船，开设钱江义渡，免费为过江行人摆渡，博得杭城百姓的赞誉。

胡雪岩不只在杭州做好事，还为解决其他地方的灾荒慷慨解囊。据《胡庆余堂》一书记载，有一年山东发大水，胡雪岩一次就捐了二十万两白银。同治十年（1871），河北、湖北两

省遭受水灾，胡雪岩奉母命，捐棉衣一万五千件，捐银一万两；同治十一年（1872），甘肃遭遇风雪冻灾，胡雪岩又奉母命，捐制加厚棉衣两万件，加厚棉裤八千条；光绪三年（1877），陕西旱灾，胡雪岩捐白银五万两；后又捐江苏沭阳县赈务制钱三万串；捐山东白银二万两，白米五千石，制钱三千一百串，新棉衣三万件；捐河南银一万五千两……

同时，胡雪岩为兴办甘肃工业也尽过力。光绪四年（1878），左宗棠在甘肃任上，决定建造兰州织呢局，委托胡雪岩向德国订购机器，聘请德国十三名技师。光绪六年（1880），织呢局竣工投产，当时的生产规模有洗毛机三台，粗纺线锭一千零八十枚，毛织机二十台，是中国第一家近代毛织厂。

胡雪岩虽然是个商人，但在晚清国难当头的时日，却有忧国忧民的责任担当，为国家、民族、百姓尽心竭力。浙江省老字号协会秘书长丁惠敏说："胡雪岩以'戒欺'为宗旨所创办的胡庆余堂，是浙商老字号的品德所在……"

玉皇山天一池碑记

2023 年春节，我们一家人来到玉皇山。我在看天一池碑记时，忽而想起了 20 年前，杭州道教的高信一道长来到我家，与父亲谈有关玉皇山与黄龙洞道教的往事。

玉皇山是杭州道教名山。唐玄宗天宝二年（743），此处创建紫极宫，后历经吴越、宋、元、明、清，屡毁屡建。清代雍正年间（1723—1735）浙江总督李卫进山行香，为消除杭城火患，置铁缸，按北斗七星之象，取五行水胜火之意，以压火灾。1927 年，杭城富妇管华夫人恭裕到玉皇山进香，登顶后，看到七星缸所处位置不够高，遇火患恐力不够。于是出巨资在山上凿一池，耗时三年，终于在 1930 年仲夏建成。池名取"天一生水"之义，池额为江苏武进人刘保仁题。天一池水清澈，池周围置以太湖石假山，玲珑剔透，造型美观。玉皇山有六十四景，天一池的景名为"天一清池"。

天一池建成后，紫东道人李理山在道观的客堂——双桂堂，写下碑记："玉皇山为杭县诸山之祖，关乎全城之盛衰休咎焉。清初，李敏达（卫）公因火灾叠（迭）见，用术士言：铸七星铁缸，置于山半，以镇压离龙之穴。由是火患顿减，杭人德之。后毁于红羊之劫，荡焉无存。同治辛未（1871），杨公昌濬抚浙捐廉（养廉银）重建，以复旧观。丁卯（1927）夏，管华夫人恭裕来山进香，悯山上水源缺乏，以为关系于杭城者至大，慨捐巨款，建筑此池，越三年而工竣，名曰'天一池'，盖取'天一生水'之义也。杭垣人烟稠密，回禄（火灾）频仍，虽有七星缸之设，而位置既低，范围亦小，以致收效未宏，识者憾焉。今得斯池，以辅助其功，用之所不及。从此泉源不竭，四境永宁。夫人之嘉惠吾杭，功德伟矣，堪与李、杨诸公并传不朽矣。"

碑记写成后，紫东道人还作《天一池》绝句四首：

巍巍玉柱耸江湄，近水遥山入望奇。
分得西湖好明月，四时皎洁到芳池。

天光云影净涵空，玉井遥连太华峰。
从此祝融难肆虐，七星掩映著神功。

朋来中节利西南，妙理须从蹇卦探。
饮水毋忘源所自，冰心一片有余甘。

他年善果证从头，缂短于今不用忧。
四境烽烟欣永息，夫人功德足千秋。

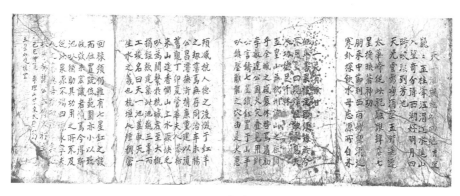

天一池碑记

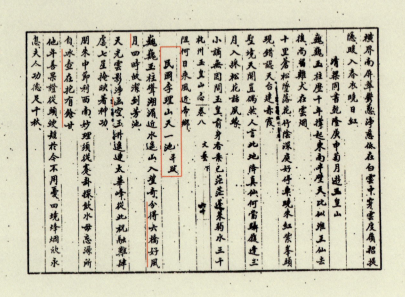

李理山《天一池》诗跋（引自来裕恂《杭州玉皇山志》）

随着时代的进步，历史的变迁，杭城已发生了翻天覆地的变化，过去的木结构房屋已日渐消失了。时至今日，七星缸也好，天一池也罢，人们不再会信所谓的"神力"了，但这却成了杭州城市的历史记忆。古人为杭城百姓消除火灾而做过的一些实事、善事，是值得我们后来人所敬仰的。

附记：

碑记上的文字，与来裕恂《杭州玉皇山志》（"杭州史地丛书"第二辑本）卷八《艺文下》所载民国李理山《天一池（并跋）》稍异。如山志中，"分得西湖好明月"作"分得六桥好风月"，"冰心一片有余甘"作"冰壶在抱有余甘"，等等。

法云弄里一石碑

2022年端午刚过，天放晴，我与夫人到灵隐、三天竺一游。灵隐寺西有一条法云弄，两旁高树蔽日，清风拂面，好不舒爽。在岔路口，我问一老妇三天竺往哪走，她随手一指，说往上面的路一直走……我们走着走着，夫人也留意起路边的石头来了："云川，这里有一块有图的石头，快来看！"我对石碑打量了一番：图案上有一扇门，门的左右上方各有一只蝙蝠，下方中间有一个圆圈，圈内是一个寿字图案。夫人说这个圆圈的右边好像是个龙头。看到有龙头，我想这块石碑应有些来历。因为古代一般老百姓家是不允许有龙出现的。

正在看的时候，一位中年女同志路过，她叫了我一声："丁老师，你在看啥？"我说在看这块石头。于是她也看了起来，说："你说上面是门，我看好像是个亭子。"她在佛协工作，姓钟，说20多年前在《杭州日报》上，看到过我发表的《灵隐寺五百罗汉堂》……噢，原来我们是见过面的！

夫人提议给石碑拍个照，回去再仔细看。她拨开了石碑旁丛生的杂草，整个石碑露出了真容。这时，一位酒店的工作人员走了过来，我向他打听有关这块石碑的事。他说，进店时，主人关照过，凡是这里的东西，一样都不能动。这块石碑，他到这里上班时就有了，一直立在这个位置上没有动过。夫人听了这句话，就想起了回乡知青陈永法来，陈有亲友在法云弄里生活过。我便给陈永法打了电话。陈永法在电话中说要看看这块石碑的照片，他要去问问村里的原住民，因为他们搬出去快20年了。他问了后，会回电话告诉我的。

是夜，我想起了省文物考古研究所的郑嘉励先生，郑先生毕竟是内行，他一看图案，迅即告知，上面是鱼跃龙门。唯恐我看不懂，还用红线标上数字。下面中间圆圈内是个寿字图案，右边似乎是个龙头，左边图案模糊不清，整个图四周夔龙纹环绕……有吉祥如意的寓意。

翌日，我向西湖博物馆总馆陈志华副馆长请教，他当即将"图"转给西湖风景名胜区管委会的邵群女士。邵很快回复：这是一块民国时期的"福寿"门当刻石图案，该石碑应该有两块，竖在大户人家门口两边。陈杰先生看后，认为这与佛教有些关系，图案上有波涛，像"五山八海"。此外，我又请教了考古专业的洪俊先生，他从碑的构造及图案中的草纹和水纹分析，认为该石碑为建筑构件，应该是成对设置，图案中的吉祥寓意是可以肯定的。陈副馆长又给馆里考古专业的杜晓俊先生看，杜到底是专家，很快便答复：这是"鱼跃龙门，双龙捧寿"的图案。

于是，我将这"鱼跃龙门，双龙捧寿"的寓意，再告知郑嘉励先生，他说应该是的。但这石碑的来历，希望我再进一步查考查考。在查考中，我从明人田汝成的《西湖游览志》中查到："灵隐寺之西，为严将军墓。严将军者，名德，太平当涂人。从高皇帝征伐有功，累授中翼元帅府统军元帅。会张士诚据两浙，命德统兵征之，连战皆捷，遂令守御杭州。洪武元年，天台贼反，德往讨之，中流矢卒。上悼之。赠骠骑上将军，追封天水郡公。敕有司治葬于此。"

从这记述来看，明代灵隐寺之西，很有可能在法云古村落

的山里，有严将军墓。因为是敕封，故石碑上刻有龙的图案，就不足为奇了。只是数百年下来，"坟前石马磨刀坏"，更无人来烧纸钱而湮没地下了……至于今天看到的这块石碑，是不是原住民从山上搬过来的，已无从问询。

为了搞清这块石碑的由来，我再次来到法云弄，又给石碑拍了照，并丈量了一下这块石碑——高96厘米，宽56厘米，厚20厘米。当我快要走出法云弄口的时候，看到一个保安亭，向亭内的刘永鑫老人请教，并给他看了石碑的照片。他看后说，这应是大户人家门口的门当，应该有两块。我又问他，这一带有没有古代的大墓。他说有的，里面有两个石人，可以进去看看，要走10多分钟。我想走10多分钟问题不大，便径自前往。走到山里面，树林茂密，阴森森的，看到乱草丛中有三只卧地的石乌龟和一匹石马。石龟长150厘米，宽100厘米，高60厘米，是太湖石做的。再往里走，我心里有点发怵了……就在这个时候，刘永鑫老人走过来了，他手执竹梢，边走边敲打。他说看我年岁大了，一个人往山里走不放心，因为有野猪和五步蛇出没，所以他过来了。在他的陪同下，我胆子大了起来，他带我到山上去看了石人。这两个石人都毕恭毕敬地站立着，一个完好无损，另一个被削了半个头颅。我一量，石人身高210厘米，肩宽50厘米，但不知是何种装束。转眼，我看到地上有块牌子，写着：杭州市文物保护点"龙门山墓葬"。原来这墓葬是有"户口"的。在往回走的路上，刘永鑫碰见法云弄的原住民——60多岁的朱国华大伯。刘问他有块石碑他知不知道来历，我将石碑的照片给他看。他一看便说，这块石碑不是他们村里原有的，是这家酒店为了提升文化内涵从外面买来的。噢，原来如此！就在这时，我接到了陈永法的电话，他问了不少年逾古稀的原住民，他们

75

法云弄石碑

武将石像生

说自小都没有见过这块石碑——这样就对上号了："鱼跃龙门，双龙捧寿"的刻石，真的不是"本塘"的，而是"外塘"货……

附记：

我将石人像照片发给郑嘉励先生。他回复：这是武将的石像生，做得非常精致，甲胄挺古的，比明代晚期至清代的要早。但与东钱湖的南宋石像生相比，五官的气韵不及南宋。他个人的意见，这可能是明代早期的石像生。那么根据郑嘉励先生的推断，我又发一奇想：这会是严德墓园上的遗存吗？

据朱国华说，这座墓葬是20世纪80年代时被盗墓者炸掉的。

西湖首景湖心亭"虫二"刻石谁人镌

西湖湖心亭有块"虫二"刻石，"虫"是"虫"的异体字，可识读为"虫二"。记得儿时父母亲携我坐船游湖时，到过湖心亭。走到一块不大的、刻有"虫二"的石头前时，父亲给我讲了"虫二"石头的一个故事：据说乾隆游西湖来到湖心亭，看到刻有"虫二"的石头，便问陪同来的浙籍官员这两个是什么字。那位陪游官员未作解答。乾隆看了看湖心亭所处的位置，是在西湖水中央，就说：这是"風月無邊"的"風月"二字！那时的我，年岁尚小，但对"虫二"是留有印象的。

后在施奠东先生主编的《西湖志》中查到，"虫二"题刻在湖心亭南端。这块太湖石碑，高 120 厘米，宽 50 厘米，字 20 厘米见方，于 1980 年集字刻置。

后又在《杭州日报》编辑李玲芝女士赠我的《西湖细节》"湖心亭"一节里找到："湖心亭上有一块碑石，上刻'虫二'两字，据说是乾隆皇帝的游戏之作，繁体'風月'二字各去掉外廓后剩下的笔画，以示风月无边。据说当时随行大臣竟无人猜中此意，

"虫二"刻石

抑或是为了博皇帝一乐，故意装傻……"

陈相强先生主编的《西湖之谜》一书中，对湖心亭的"虫二"刻石，是这样描写的：有一年，大学士纪晓岚随乾隆皇帝下江南，来到杭州西湖游玩，纪晓岚紧跟着乾隆下了龙舟，登上了湖心亭。在岛上等候的湖心寺方丈，赶忙迎上前来接驾。他趁着这个千载难逢的机会，恭请皇上留题御制墨宝。乾隆向以风雅自命，他在岛上看到了西湖美景如此清雅灵秀，便大笔一挥题了"虫二"两字，纪晓岚赶紧凑上前端详，乾隆在"虫二"的周围加写了几笔，变成了"風月"。他这才恍然大悟，不由得脱口而出："'虫二'就是'風月'无边！"陈相强先生将这二字是否出于乾隆之手列为西湖的"百谜"之一。

于是，乾隆有没有到过湖心亭，有没有写过寓意风月无边的"虫二"二字，则引起我的一番兴趣。

乾隆第一次游湖心亭后，写了一首《湖心亭》诗：

> 无地楼台镜影空，仙居蓬阆许舟通。
>
> 四围景物蠡窗外，三面山光雉堞东。
>
> 俯槛闲看鱼画水，卷帘低引燕裁风。
>
> 坐游省识无边乐，奚必幽遐一一穷。

乾隆首次游湖心亭时，便非常喜欢这个景点，"坐游省识无边乐"句中有"无边"二字，若说"虫二"两字为乾隆所题，那猜想就是在这次游览时所书的。

乾隆第二次游湖心亭，是在乾隆二十二年（1757），写下《湖心亭》诗：

> 春雨连宵傍晓晴，进舟宛在小蓬瀛。

千重水树印葱翠，四面云岚互送迎。

那有波涛惊俗眼，每因淡泊悦神情。

湖光设拟明如镜，此是中心纯粹精。

一夜春雨过后，他感受到，西湖若明镜，而湖心亭是西湖的中心，西湖景色的精华就在湖心亭。

乾隆二十七年（1762），乾隆第三次南巡，年过半百的他，有一回是在雨中游湖心亭的。这次他诗兴大发，一口气写了《雨中湖心亭杂咏六首》，并题写了"光澈中边"的匾额。

一日晴和畅游兴，中宵阴雨利农功。

晓来烟意犹余恋，妙萃湖心势正蒙。

面面溟濛淰淰凄，烟中遥见白沙堤。

由来泛雨舟真好，休马今朝妨作泥。

湖面鸣榔到以船，湖心楼榭亦船然。

大圆普照光明镜，万顷漪澜上下天。

南峰云接北峰云，外湖水涨内湖水。

斯亭斯景亦其常，而我此时欣遇此。

梅白茶红濯影鲜，分明湖面拥青莲。

今朝到最无尘处，结习何妨概与湔。

泽国稀逢春雨稀，优沾欣复洒霏霏。

因之回忆三千里，一例农时愿不违。

这六首诗较为全面地描绘了雨中西湖的景致，表达了春雨利农的愿望。"风月无边"处，亦是最无尘的地方。还有一首《湖心亭》诗写道："耸似云居浮似航，蓬莱宫阙水中央。东西南北望无尽，春夏秋冬景异常。是镜何曾借揩拭，非蟾而觉发辉光。拟教庄叟斯焉对，得意于言可易忘。"这次游湖，乾隆将湖心亭比喻为浮在水上的一艘船，是水中央的蓬莱仙岛，水面开阔，四季风景各异，从湖心亭望去，西湖像天上的一轮圆月，辉映在镜面般的湖面上闪闪发光。

第五次是在乾隆四十五年（1780），乾隆时年70岁了，仍诗兴不减，写下《湖心亭》：

谁云无地起楼台，无地楼台镜面开。

到必以舟限尘远，坐当忘物是云来。

两峰西峙惟天近，三塔南浮倩月陪。

白发较添须尚黑，撚吟今昔底殊哉。

乾隆在诗中对湖心亭景色又赞誉了一番，观景忘物，湖面依然似镜。对着镜面般的湖水，照见头上已添了不少白发，而胡须仍是黑的，人老了，怎不望湖感慨？他捋捋胡须，从第一次游湖心亭到现在，毕竟是30年过去了，而今怎能与昔日可比呢？

乾隆最后一次游湖心亭是在乾隆四十九年（1784），写下：

西湖无不佳，而此称湖心。

是为五官首，四面归照临。

然予絜矩思，庶政谁所任。

敬胜怠胜间，念念凛难谌。

可恣游目乎，怵哉惟益钦。

乾隆六游湖心亭后，在这首诗中对湖心亭作出“是为五官首”的评价，评价甚高。五官中的眼是为首位，那湖心亭的“风月无边”之景，就是西湖风景中的点睛之处。然而，在乾隆题咏湖心亭的所有诗句中，没有见到“虫二”两字，只看到诗句中有“无边”。由此可见，那块“虫二”刻石，很有可能在乾隆南巡之前就镌了。

"三立两断"的胡公碑

胡则（963—1039），婺州永康（今属浙江）人。宋端拱二年（989），胡则进士及第，他是永康历史上第一位进士，尔后，到各地任职。宋天圣四年（1026）五月，胡则第一次知杭州。明道元年（1032）八月，70岁的胡则任工部侍郎、集贤院学士。明道二年（1033），胡则再度知杭州。他两度知杭，留下许多德政。景祐元年（1034），胡则以兵部侍郎致仕。宝元二年（1039）薨于杭州宅中，终年77岁。宋仁宗敕旨，胡则葬于杭州钱塘县履泰乡龙井源，赐墓田五十一亩，夫人陈氏祔葬。

胡则辞世后，好友范仲淹闻知，深感悲痛，写了《祭胡侍郎文》。后胡则长子胡楷泣请范仲淹作墓志铭。为何"泣请"呢？此时，西夏李元昊率军在三川口大败宋军。范仲淹临危受命，任陕西经略安抚使，担当起西北防务之重职。然而，范仲淹在军务繁忙之中，以感恩之

《龙井显应胡公墓录》书影

82

情，写下《兵部侍郎致仕胡公墓志铭》，主要记述胡则从进士及第至终老杭州的一生。

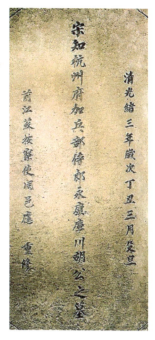

胡公墓碑

岁月流逝，到了南宋绍定元年（1228），附近寺僧认为，近两百年过去了，就将原来敕赐的五十一亩墓田占用，并将胡公墓碑及石翁仲等毁弃。淳祐四年（1244），两浙大旱，时任两浙转运判官章大醇前往天目山求雨，"复以心祷于（胡）公"。不一刻，大雨滂沱。于是章大醇有了修复胡则墓、祠的理由。元大德八年（1304）春三月，时任江浙行省儒学提举赵孟𫖯率官员、学士到龙井胡则墓祭奠。此后多次在胡则墓前祭奠，朗读《祭胡侍郎文》。历经几百年的风霜雨雪，胡则墓日渐荒芜。明代田汝成在《西湖游览志》中有胡则葬于龙井的记载。清代雍正年间，朝廷开始敕修胡则墓地。

据清代丁午辑《龙井显应胡公墓录》（《武林掌故丛编》本）记载，光绪初，丁丙、应宝时等人前往老龙井，得知胡公墓已湮。他们"越岭涉涧，牵萝扪葛，仰俯高深，规察左右，印证群籍，旁咨故老"，终于"始得见墓"，于是重修胡公墓，重立胡公墓碑，同时亦将胡公庙修复。

20 世纪五六十年代，朱德元帅获悉，早年有位云南讲武堂的同学周宝荣在杭州龙井胡公庙出家，于是来到龙井，得知周宝荣已是慧生僧人了。在两人谈话中，朱德了解了龙井村民的生活。尔后，两人缓步上山看茶山，并瞻谒了胡公墓。1961 年，朱德写了《游杭州》（其一）："狮峰龙井产名茶，生产小队一百家。开辟斜坡四百亩，年年收入有增加。"

1948年，葛长根到龙井胡公庙拜慧生为师。1956年8月，他亲见了杭州遭遇的罕见强台风，将胡则墓亭和石坊摧毁，所立的范仲淹《兵部侍郎致仕胡公墓志铭》碑石也被吹倒在地，所幸的是墓碑仍然屹立。

1964年，村里搞水利设施，村民将毁弃的墓亭、石坊、石碑作为石材拿去建水库了。1966年夏"破四旧"时，葛长根还了俗，将慧生师父接到家里一起生活。但葛长根对胡公庙颇有感情，将刻有"宋广福院"的石额，用石灰涂抹封了起来，使其得以保存下来。

2001年3月30日，正是春茶时节，龙井山上都是采茶女，我独自循山路小径上山，寻找胡则墓。一路问采茶女，采茶女都说是外地来的，一问三不知。我只得返回村里，询问一位正在炒清明茶的村民，"问路问老头"，真的问对了。他听说我是去寻找胡公墓的，即刻来了兴致，一边炒茶一边谈及自己的人生经历。他叫葛长根，本是胡公庙里的小和尚……一番话后，葛长根就把正在做午饭的妻子叫了出来，让她陪我上山去看胡公墓。我考虑到占用了村民的宝贵时间，应给些"劳务费"，葛长根客气地说："哪有这种事！"

山径小道甚难走，他妻子说，这山路好多年未走了，走起来也很吃力，在荒草覆顶的一座土墓前，她说，这就是胡则墓。我一看，心里一阵凄凉。看看墓园不小，基本完好，就是缺块墓碑。她告诉我，碑是20世纪七八十年代西湖清理墓葬时被砸掉的。我绕墓一周，看到有几个洞，便找了石块将洞填补好。她告诉我，这座墓，以前盗墓贼曾来光顾过，几个洞就是盗墓

胡则墓（修复前）

胡则墓（修复后）

贼挖的。我想，胡则是宋代的兵部侍郎，两次出知杭州，当前杭州正在"创文化名城"，"名城要有名人扶"，胡则应该算是杭州的一位名人；况且，胡则的事迹，已被毛泽东主席作了充分的肯定，评价他"为官一任，造福一方"。2022年3月，我将此事向时任杭州市领导的华丽珍反映。华副市长说请我写封信给王国平书记，信由她奉上。同年4月6日，《重修西湖两名人墓》的文章见诸报端。

　　时隔不久，龙井山上的胡则墓得以重修。据修墓的一位同志告诉我，墓修好后，要竖墓碑，墓碑刚竖起，就倒掉了，还缺了一只角，只能重做。第二次竖碑时，墓碑倒在一个修墓人的额角上，墓碑又损坏了，直到第三次才竖立起来。他问我这是啥原因。我告诉他，你看看墓碑上的字：一边写"宋兵部侍郎"，中间写"胡公墓"，是不是太不尊重胡则了，连胡则的名字都不刻上去，胡则生平事迹的介绍也没有，胡公大帝不生气才怪呢！

集贤亭旁的《阅武》御诗碑

清顺治二年（1645），设杭州八旗驻防营（简称旗营）；康熙二年（1663），改杭州总管为杭州将军。康熙南巡杭州时，曾前后五次检阅骑射演练，只写了一首《阅浙江驻防将士射》诗："羽林旧将分防重，吴越名区古要疆。讲武正宜清晏日，人人自擅技穿杨。"

乾隆在乾隆十六年（1751）第一次南巡时，也像他祖父一样，检阅了八旗官兵骑射，写下《阅杭州旗兵》："承平世恐军容弛，文物邦应武备明。已向会稽陟禹迹，便教浙水诘戎兵。羽林旧将今谁是，七萃材官古莫衡。四十年重逢盛典，行间踊跃倍常情。"乾隆二十二年（1757）第二次南巡，检阅了八旗官兵的骑射，写下《阅武》："旭丽惠风轻，广场试阅兵。百年偃虽可，一日备须明。气励熊罴旅，勇轩组练晶。诘戎伊古训，讵敢谄升平。"乾隆二十七年（1762）第三次南巡，检阅了八旗官兵的骑射演练，也写了"时巡江国驻行骖，武备于今阅已三"《阅武》的诗句。乾隆三十年（1765）第四次南巡，检阅八旗骑射演练写下"诘戎要务政攸关……安不忘危廑此间"《阅武》的诗句。乾隆四十五年（1780）第五次南巡，检阅八旗骑射，写下《阅武》："祖制真垂远，杭州驻八旗。鸿猷惟慎矣，武备可疏之。既练仍应阅，虽安不忘危。未曾御弧矢，臂病久惭斯。"乾隆四十九年（1784）第六次南巡，检阅八旗骑射，写下《阅杭州八旗兵》："已此百年久驻防，侵寻风气渐如杭。一齐传耳诚何益，众楚咻之义可方。何事弗廛返旧俗，无思不服缅前王。命皇子射聊示众，老弗躬为惭莫遑。"

乾隆六巡杭州，每次来都要"阅武"，观看八旗演练，由此看出他对军事防护还是相当重视的。

清代时，旗营阅武骑射处，被列为西湖十八景

乾隆《阅武》御诗碑

之一"亭湾骑射"。然而，随着岁月流逝，此景已不复存在。

20世纪90年代，在陈进所长的陪同下，我到杭州碑林去看碑碣，看到一块硕大的古碑。陈所长告诉我，这块碑石是从清朝旗营的习武教场拉回来的。我一看，上刻有"旭丽惠……"的文字，当即向他表示回去查查看。不查不知道，一查不得了。这御碑原是乾隆皇帝第二次南巡时所书的《阅武》诗。

2002年6月，杭州西湖南线要进行综合整治。我与时任杭州市城市科学研究会秘书长陈洁行先生商量，可否向市领导提议，在重建"亭湾骑射"一景时，将《阅武》诗御碑从碑林移到此景点。陈洁行先生说提议很好，于是我俩写一封信给王国平书记。王国平书记相当重视，将这个任务交给市园文局杭州碑林文保所。杭州碑林文保所陈进所长对我说，碑林的这块《阅武》碑太大了，很难移动。他们研究后认为，还是按比例缩制

重新刻一块为好。他还告诉我说，景区要求他们在国庆节前完成，时间相当紧迫。2002 年国庆节，西湖南线景区的"亭湾骑射"文化景观中就有了乾隆《阅武》诗御碑，该御碑立于"亭湾骑射"南侧的一公园。

　　而今，当人们看到《阅武》碑上，乾隆所题诗中那些警示之句时，它在提醒生活在和平年代的人们，要时刻谨记"承平世恐军容弛，文物邦应武备明"和"虽安不忘危"，头脑里的这根弦时刻要绷紧，决不能有丝毫的松弛！

南高峰血园陵的英名碑

世上的事，总是有个起头的。南高峰血园陵的重修，可以说是从杭州日报社的戎国彭、韩斌两记者的一次寻访开始的。2008年年末，他们约我一起去踏看南高峰里荒凉已久的血园陵。当时寻来找去，没有找到一文半字的断砖残碣。后在杭报副刊编辑李玲芝之父李杞龙先生口中"可能与严重有关"的一句话，遂而揭开了封存已久的话题，触发了我和他们一起按图索骥、深挖史料，再经过考古所的现场发掘、专家论证，终于在2012年底，重修了南高峰血园陵，使之重见天日。

血园陵是重修了，但"万宝全书缺只角"，这只角就是墓里所葬阵亡将士的名册。世上的事，有时会天遂人愿的。2018年春，在上海的某拍卖公司，我拍得1927年北伐战争时期的《北征日记》，内有在江浙战役中100多位阵亡将士的名录。韩斌得知后，即刻派记者著文报道。西湖风景名胜区管委会也决定在血园陵重新补立阵亡将士的英名碑。

于是，2021年，西湖风景名胜区管委会对北伐阵亡将士墓地再次作了整治。他们以《北征日记》为依据，用上了严重当年亲定的"血园"之名；又根据《北征日记》中阵亡将士的排列顺序，镌刻了英名碑。这种尊重历史文化的事，博得了社会各界的赞许。这次整治不但修整了墓地，连带南高峰的整体环境也被修葺一新。墓前还立了块"杭州市文物保护单位"的石

"血园"题刻

牌，2021年，血园陵被西湖风景名胜区评选为"西湖红十景"之一。同时，西湖风景名胜区管委会还将血园陵及其阵亡将士的名录在网上登载。北伐军第二十一师将士墓的建造者、严重的孙子严思壮看到后，来到杭州。在西湖风景名胜区花港管理处工作人员的陪同下，他登上南高峰，瞻谒了北伐阵亡将士墓。嗣后，他又来到我家里，感慨地说，想不到在杭州，还能见到他祖父所留下的"功德"。他并要将他祖

国民革命军第二十一师阵亡将士名录

父于 1927 年建血陵园期间在法相寺所写的日记复印件捐赠给西湖博物馆,聊表心意。

有位方树勋先生在网上看到了血园陵和阵亡名单,通过熊艳记者与我取得了联系。他在电话里激动地说,他的大爷方元中,生于 1903 年 3 月 8 日,四川庆符县人,因家境贫困,12 岁时就离家,外出求生,1923 年加入云南黔军总部,1925 年考入上海某校政治系,同年又考入黄埔军校第四期,1927 年任北伐军第二十一师第六十三团第四连政治教导员。1927 年 2 月 14 日,方元中阵亡于浙江桐庐县浪石埠战役,初葬于桐庐北门浮桥铺,后蒙同学黄云帆、同乡同学田中云等人运尸到杭州,葬于西湖法相寺南岸。田中云还参与了方元中的营葬。方元中阵亡后,被授予烈士称号,并在黄埔各分校塑像,以资纪念。

为了让方树勋看到英名碑上方元中的名字,我来到南高峰,数了数,12 块英名碑上共镌有 95 个名字。他们都是在浙江阵亡的,我不觉一怔——这里埋着的都是有血有肉的、魂有所归的壮士。英名碑屹立在峭壁上,我一眼就瞥见"方元中"那醒目的名字,迅即拍了照,但仔细一看,年龄一栏里却空着。据他后辈所提供的生年测算,方元中阵亡时应是 24 岁。在另一块碑上,镌有"赵敬统"的名字,赵是共产党员,他是北伐军在浙江战役中阵亡

英名碑上方元中的名字

的最高级别的军人——团长。我在广州黄埔军校参观时，也看到过他的介绍。血园啊血园，你是国共两党第一次合作时期的历史见证！

我站在南高峰血园的英名碑前，将拍有"方元中"名字的照片发给方树勋先生，他很快回复："这是时隔近百年的寻访，有丁老的热心相助，使他们寻亲愿望（得以）实现。"他准备在国庆期间与堂兄一起来杭州登南高峰……

"京杭大运河南端"碑溯往

拱宸桥东侧立有"京杭大运河南端"碑。看到此碑,心中忽地想起拱宸桥一带历史上曾发生的一些事。

一溯"京杭大运河南端"的题碑人

该碑虽无题名人落款,但明眼人一看应知,此碑为朱关田先生所题。笔者虽未与朱先生谋面,但 20 世纪 80 年代初,在北京拜见启功先生时,他说,杭州的美

"京杭大运河南端"碑

院有位硕士研究生朱关田,对他很是敬重,启先生说自己亦是器重他的。朱关田的书法有创意、有特色,故一看便知"京杭大运河南端"碑字为朱先生所题。

二溯哑巴桥名的由来

据钟毓龙先生《说杭州》载,拱宸桥昔时俗称哑叭桥,"过

其下者戒言语，不知其所自起"。

据丁丙《北郭诗账》引陈文述《春游日记》载："拱宸桥一称哑吧桥，相传过桥不宜启口。"丁丙咏拱宸桥诗云："卅丈环桥首拱宸，追怀摸石动酸呻。叮咛去楫来桡客，慎守金缄效吉人。"诗的后两句就是对过桥不宜张口而言的。丁立中也有《拱宸桥噤口》诗。

据考查，文献中有称"哑叭""哑吧""哑巴"者，今规范习称"哑巴"。有人说，这与附近夏时正所居夏罢弄（后称哑巴弄）有关；也有人说，这与拱宸桥一带曾为青帮发源地，指代隐语有关。从诗句看，更像是旧时一种行舟过桥的习俗禁忌，以免冒犯桥神。

三 溯修桥沿革与逸事

据史料记载，拱宸桥建好后，到清顺治八年（1651），桥身坍塌。康熙年间进行多次重修。雍正四年（1726），时任浙江总督的李卫捐俸重修。光绪年间，拱宸桥将圮，杭州富绅丁丙主持重建。

关于拱宸桥的修缮，还有一件逸事。据钟毓龙《说杭州》言，清代道光年间有位姓沈的商人，坐船从半山经拱宸桥时，一块桥石突然倾坠，落入船中，幸未伤及人。他回到家，夫人适生一子，欣喜不已。他不仅将儿子的名字取为"拱宸"，还出资将拱宸桥落石处修补好。据说沈拱宸后来官至两淮转运使。

四 溯桥上观景心烦事

据何颂花评、陈蝶仙订《拱宸桥踏歌》（又称《骈枝生踏歌》）载，清末民初浙江有叫"骈枝生"的文人，常到拱宸桥

上看轮舶拖船，如蜻蜓衔尾巴，蜩蟟联翼，煞是好看，他作了一首"烟浓浓阿烟浓浓，客人来趁三点钟。三节四节八九节，河江里向来接龙"的俚歌，记述了百年前拱宸桥上看轮舶拖船的景象。拱宸桥一带成了日本租界后，曾经享誉当地的世经缫丝厂，烟囱不冒烟了，不到三年就关停了，可想而知，当时民族工业的生存多么艰辛！于是他又写道："世经丝厂生意耗，勿到三年就倒灶。雪白茧丝生来牢，小妹子情丝一团糟。"

《拱宸桥踏歌》书影

昔日拱宸桥

五溯桥边的民族工业

拱宸桥一带是近代棉纺织工业的重要基地。曾有通益公纱厂（鼎新纱厂）、杭州棉纺织印染厂，以及三友实业社等。这些近代民族工业多倡导国人要发扬自强不息的精神，为人所钦佩。三友实业社有蝴蝶牌牙粉、三角牌西湖毛巾等产品。《杭州日报》记者张磊告诉我，据张闻天夫人刘英回忆，1935 年红军打下遵义后，给红军战士发的纪念品，就是一块三友实业社的三角牌西湖毛巾……

以上我所略知一二的溯往，是一些微不足道的、点点滴滴的小事，但这些也许能勾起人们对拱宸桥往事的一些追忆……

《重修宝石塔记》碑石

在历经多年风雨后，到民国时，保俶塔已是塔基松动，顶亦倾斜，摇摇欲坠。民国二十二年（1933），时任杭州市市长赵志游来到保俶塔，他环塔一周，发现塔倾斜厉害，致使塔砖日有崩落。他深感责任重大：不能使千余年之古迹在他的任上毁塌。

为重新修建保俶塔，赵市长将前市长陈屺怀等请来，共商兴修保俶塔事。赵市长告诉他，经测算，营造厂估计修建塔需二万三千多银元。陈屺怀听后说，这要与杭州商会的人士商议后再定。经商量，暂先移用修复雷峰塔募捐所得的一万三千多银元。至于相差的约一万银元，只得请赵市长另想办法了。这位赵市长真的是"昕夜筹思"。后得到杜月笙、张啸林的资助，各出五千银元。这样，重新修建保俶塔的工程得以在1933年3月1日启动，于6月30日完工。

当时参加保俶塔重建工程的著名建筑师吴寅，在制订设计方案时，查阅了明代万历年间重修宝所塔的记载。在讨论方案时，有提出按楼阁式样来修建。而吴寅认为，若用楼阁式，则塔身粗大，与宝石山不相称。他与建筑大师梁思成探讨后，决定采用砖塔式样。这与古人"雷峰似老衲，保俶如美人"的形容相符。重建后的保俶塔为八面七层砖砌实心塔，高45.3米，底层边长3.26米，塔刹铁钩件仍用明代旧物。

保俶塔修建完成后，赵市长写了一篇《重修宝石塔记》，该记文镌刻并镶嵌在塔北侧的下方。岳庙管理处文物科的沈立新先生得知我在写此文，便将他所拓的《重修宝石塔记》提供给我。读罢记文，我感受到杭州的有识之士和市民百姓对西湖历史文化遗产的保护是尽心竭力的。当年的修塔人，不仅将捐款五十元以上的人的名字镌于石上，还将建塔包工者奚德的名字也刻在石碑上。一经眼，我认出奚德很可能是我同学的祖辈……

《重修宝石塔记》碑记

拉进拉不出的"辟火碑"

近百年前，我的祖父携我父亲丁肃君到鼓楼外的远房亲戚家拜年。父亲在鼓楼洞内壁间看到一块有图案的石碑。这时，有位老先生对父亲说，这块石碑是杭州的"宝贝"。父亲当时年幼，只是听听而已。20世纪70年代初，鼓楼被拆，此碑也不存了。1958年秋，父亲在水星阁大炼钢铁时，看到一块与鼓楼图案相同的石碑，遗憾的是已被砸毁并遗弃于地上。1993年初，庆春路拓宽工程正在紧张进行中，年逾古稀的父亲，早就见过众安桥关帝庙前的墙上，嵌有一块与前面两块图案相同的石碑，也看到过这块石碑的图案文字已被石灰涂抹过。1993年2月底，父亲再次来到关帝庙前，看到庙前的墙已被拆了三分之一，但万幸那块有图案的石碑还在。父亲向拆房民工问了拆石碑的时间，并支付了买石碑的定金。

辟火碑拓片

上了年纪的人，说生病就生病的。3月4日早上，父亲在床上对我说，他在众安桥关帝庙前买了块石碑，定金已付过，说是3月4日可以去取，嘱我去看一下。如拆掉的话，要我想方设法拉回来。我找到了那位收了定金的民工。他答应我第二天上午到工地

去拉。此刻，我看到在这块有图案的石碑的左侧，紧挨着一块镌有文字的严州青石碑，便告诉这位民工，这块严州青石碑亦请他留给我。

第二天上午，我来到工地，看到这块嵌有图案的太湖石碑孤零零地裸露着身子，呆呆地"站立"着。而左侧那块严州青石碑却不见了。我问民工，他说我没有付定金，那石碑被当作建筑垃圾清理掉了。我真是既自责又懊悔！

由于这块石碑是太湖石做的，相当重，且埋得很深，一直挖到中午还没有完全挖出来。我用尺量了一下，石碑已有1.5米的高度了，主要部分已挖到位，于是我决定敲断后移走。石碑敲断倒地后，我提出可否帮忙运到我家中，民工说可以的，但要付搬运费，于是我只得再破费点钱，请了五个民工，用滚拉方式将此碑抬上钢丝车，运回家中安放在天井内。

当五个民工将石碑撂倒放到二墙门内的天井时，由于石碑太重，动静很大。父亲听到了响声，从床上起来，一看石碑被敲断，便问我原因，似乎不太满意……

石碑被放在天井里占了走道，人们进进出来，难免会磕磕碰碰。我的三伯父已80多岁了，眼睛又不好，若一不小心跌一跤，会出大事的……于是，父亲犯愁起来：石碑拉进容易拉出难，拉到哪里去呢？

这是30年前发生在杭州的事，这块陈年石碑叫辟火碑，谁来管呢？思来想去，我想到了杭州日报社的副刊编辑部。那时，报社还在国货路上，我踏着木楼梯，走进编辑部，受到李玲芝编辑的热情接待。她是我夫人的同学，我将这块石碑"拉进拉不出"的情况向她作了一番诉说。她听后，便召集编辑们一起想办法，说待他们想好办法后，会告知我的。

不日，我接到副刊编辑部的电话，根据他们商量的结果，我要写一篇《我家拾来了辟火碑》的文章，文章的后面要将家中电话也写进去，以便于联系。

《我家拾来了辟火碑》的文章见报后，家里电话不断，有位台商说很想要这石碑。上城区档案馆也打来电话，说这石碑是在上城区发现的，若能回归上城区，是"物归原主"。杭州碑林文保所的陈进所长也打来电话，告诉我杭州碑林文保所是收藏杭州碑石的"博物馆"……

同时，到我家天井里看石碑的人也不少。杭州大学的徐明德教授看了后，对我说，这是杭州历史上的文物，值得保护。浙江省消防局的华雨农来到我家，他拜访我父亲时说，辟火碑是有关中国古代消防的见证物。有位郭水华先生专门对辟火碑作了研究，还撰文在《杭州日报》上发表……

后来，我接到杭州日报社副刊编辑部的电话，编辑部经过研究认为，辟火碑入藏到杭州碑林文保所最为合适。我同意编辑部的建议。不日，杭州碑林文保所的陈进所长派车把石碑拉出去了，解了我们父子之"围"。我高兴地看到，这是辟火碑从我家里被"拉出去"的最体面的方式。

后经陈进所长考证，中国历史上有关消防方面的古代碑石，目前仅有杭州的这块辟火碑。前些年，北京建中国消防博物馆时，获知杭州碑林有一块辟火碑，希

辟火图

望能将辟火碑征集给该馆。陈进所长作了一番说明后，捐赠给中国消防博物馆辟火碑文的拓本。

2016年，老父亲辞世，墓碑上刻了"中国唯一'辟火碑'保护人"几个字。2017年清明节时，钱江陵园的同志邀我去见园主。园主说他们陵园正在挖掘历史文化，在我父亲的墓碑上看到"'辟火碑'保护人"的文字，于是向我要了一幅辟火碑拓片。那年冬至扫墓时，我看到父母墓地的左壁上，嵌了一块辟火碑刻石。

给西泠印社捐的碑石

20世纪50年代，父亲携我从太平桥往海狮沟过七龙潭，走进一户低矮木门的人家，去看一些碑石。那天，父亲买回一块袁震和（南安）先生的墓志铭，一块一面镌有《武林俞廷黼铁笔润目》（以下简称《铁笔润目》）、另一面镌有"西泠印泥"字样的方形刻石。那时，我少不更事，每天下课回家，和大妹妹用废砂轮将袁先生墓志铭上镌刻的文字磨掉，将碑石做成天井里的石桌，《铁笔润目》刻石，则成了石桌旁的石凳。它俩一直陪伴家人近50年，直到1999年老屋被拆除。

每当忆及石桌，我便会想起儿时与弟妹们在石桌上做功课、下棋、玩沙袋，伯伯叔叔们在石桌上品茗话事，母亲在石桌上

西泠印社捐赠证书

《武林俞廷黼铁笔润目》碑石和拓片

剥毛豆、斩鸡鸭、刷洗衣服等情景，每年的中元、中秋节，我们都会在石桌上敬先人、拜月亮……这些儿时记忆历历在目。

然而，社会在发展，城市要更新，祖辈生活了 150 多年的老屋行将拆除。拆除时，我将石桌、石凳搬入新居。遗憾的是，在搬运时，石桌不慎断成两半，因"抢救无效"而丢失了，而《铁笔润目》这块刻石被保存了下来。

2003 年初，父亲从报上看到，杭州西泠印社的西泠印泥有侵权的事。父亲对我说，家中的这块《铁笔润目》的背面刻有杭州西泠印社售西泠印泥的字，外地的西泠印泥若是要与杭州的西泠印泥"对簿公堂"，那我们家里的这块刻石，则是有力的证据。他嘱我将刻石捐赠给西泠印社，让他们派上用场。

时任西泠印社社长启功先生曾对我说过，他是不搞收藏的。若我有搞收藏的爱好，须知，收藏的目的不是为自己，而是要为社会收藏。当社会需要的时候，就要无偿地捐赠出去，这就起到收藏的真正作用了。

于是，我打电话给时任西泠印社办公室主任王佩智先生，告知他，老父亲嘱托我向他们捐赠一块碑石的事，随后便将碑

石奉上。王佩智先生一看，大喜过望，他即刻说，这块碑石太有时代感了，这是西泠印社初创时，社员、篆刻家俞廷瓛先生的"刻章润目"的明码标价的刻石，太有价值了！

2003年11月，西泠印社邀请我们父子参加西泠印社成立一百周年的庆祝大会，会上向我们父子颁发了捐赠证书，还将这块碑石列入了"西泠印社百年藏品展"。展后，王佩智先生告诉我，有位观者仔仔细细地观赏后说，百年前西泠印社的篆刻家，真的是明码标价的。

不久，王佩智先生将《西泠印社藏品捐献名录》一书赠给我，《铁笔润目》碑石已被收入名录中。

武林门外御码头

　　清代，康熙五次、乾隆六次南巡杭州，都是走运河过来的。每当御舟驾临两省交界，地方官员要跪地而迎。1705年，康熙第五次南巡，第四次到杭州，据《圣祖五幸江南全录》载："（四月）初三日，龙舟午刻抵北关马头泊船。皇上、皇太子、十三阿哥、宫眷等位，乘轿进城，往织造府行宫驻跸，有督抚提镇司道文武大小官员上朝请安……"又据1757年乾隆第二次南巡杭州时所作的《至杭州行宫驻跸八韵》一诗的"塘栖朝启跸，宝庆午维舟"两句，可知当时御舟早上从塘栖启程，中午到宝庆码头上岸。康熙、乾隆陆上都是"策马武林入"，经武林门

武林门旧影

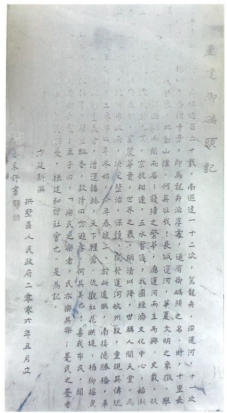 

御码头碑文

到城内行宫驻跸。

　　康熙、乾隆南巡至今，一晃便是两三百年，岁月流逝，城市变迁，运河河道改向，致使当年清代"两帝"上岸的码头消失了，所见的则是连片的新居民宅……

　　杭州是一座历史文化名城，大运河蕴含着深厚的历史文化。时光流转到 2004 年，杭州运河集团要进一步挖掘大运河的历史文化遗存，经研究，希望能重建杭州段运河上的御码头，不使它默默消亡，给后人留下历史记忆。

　　于是，杭州运河集团的一位同志找到我家里，与我商量，他要看一下《南巡盛典》中康、乾二帝南巡时御舟行走的路线

及运河流向等史料。在《南巡盛典》书中，有当年运河流到这里呈"回"字形水系的记载。而现今的运河已呈直线，不是"回"字形水系了。那位同志问我，现今宝庆桥（仓基上）一带已是高楼民宅，御码头在原址上已无法复建了，是否可以移地复建，比如移到河对面去。我再看了一眼，图中运河"回"字形水道的东边，有"新码头"三个字，说明清代乾隆时河东边有个新码头，这就是依据。对此，我俩一探讨，认为移到东边复建御码头，看来问题不会太大。

2006年运河杭州段的御码头复建后，湖墅地方上有位"老土地"朱老先生，他从报纸上看到御码头移位复建了，当即向《杭州日报》反映，御码头是在仓基上的。他本是个较真的人，见御码头移位更是气急了，为了向他说明缘由，报社请我与朱老先生进行了释谈……

而今，我与夫人每当走到御码头时，都要仔细看一看。"御码头"三个字是宋涛先生书写的，碑文是方建新先生撰的。拂拭碑文，抚今追昔。御码头复建几年后，流淌千年的中国大运河被列入《世界遗产名录》。

陈从周故居遗址碑

有一天，晨走运河游步道，当快到卖鱼桥时，忽见一块石碑上镌刻着"陈从周故居遗址"。碑上不只刻有陈先生的半身像，下侧还有他的生平介绍："陈从周（1918—2000），出生于杭州湖墅青莎镇散花滩（今仓基上）……是当代中国著名古建筑学家、园林学家、散文家、画家……为杭州开发西湖南线景区、修复郭庄和重建雷峰塔等作出重要贡献。"

看了介绍，我不禁想起近 30 年前几次拜访他的情景来。1995 年 4 月，正是西湖草长莺飞、龙井茶香的时节。我到上海同济大学的校舍里，拜访同乡且与我父亲同年的建筑大师陈从周教授。他坐在客厅的沙发上，穿着一件蓝白相间的格子外套。我眼明手快，当即给他拍了一张照片。随即，他热情地请我到阳台上去坐，两杯清茶，二人便聊了起来。尽管离开杭州多年，但陈老乡音未改，一口杭州话，让我听起来分外亲近。

那天，我将在《杭州日报·下午版》的《旧影寻踪》栏目上发表的文章及七八十年前西湖的老照片递给他看。当陈老看到"白云庵"

陈从周故居遗址碑

的老照片时，他指给我看，白云庵的上面就是未倒塌前的雷峰塔。瞬间便吟起曼殊大师的诗："白云深处拥雷峰，几树寒梅带雪红。斋罢垂垂浑入定，庵前潭影落疏钟。"（《住西湖白云禅院作此》）我钦佩年近八旬的陈老记忆如此之好，能一字不差地背诵出来。陈老谦逊地说，不是他的记性好，是曼殊大师的诗做得好，从小熟读，至老未忘。他问我："为什么西湖南线热不起来？"我一时说不上来。"南线主要是缺少引景之作，如果雷峰塔能建起来，雷峰塔就是引景的。"他惋惜地说，"雷峰塔圮后，南山之景则全虚，现今旅游事业发展很快，重建雷峰塔是时候了。"

那天，陈从周先生精神相当好，他还对我讲起了他的人生，以及故居生活的一些往事。他祖籍绍兴，堂号为尚德堂。他自小生长在湖墅散花滩的一条巷子里，名"仓基上"。故居的宅后临运河，此地则称"华光桥河下"。这个地方是十足的江南水乡风貌，故居门前所见是青石板、白粉墙；后门河埠头，又是一湾清水，多么幽静雅洁。小时候，他常站在后门的河埠头，不但可以欣赏来往的小舟，也可与对门邻居讲话，还可以看到华光桥桥洞圆圆的倒影……他告诉我，雷峰塔倒掉的这一天（1924年9月25日下午），他在陪病重的父亲，家中一片寂静，突然听到了轰隆隆的声响，后来才知道是雷峰塔倒掉了。

陈从周先生

陈老呷了一口茶后，又忆及茶乡梅家坞的景色来。他说，20 世纪 50 年代到过梅家坞，那里山居俨然，石桥枕溪，合抱的樟树斜附于淙淙的溪流上，山上袅绕的云雾配之从桥的环洞中浮现的山景，真是"佳者收之"，无处不美！梅家坞的民居，可以说是西湖山区建筑的典型，白墙黛瓦，掩映于翠竹之中……然而 1984 年 6 月，他再次到梅家坞时，几乎看不到白墙黛瓦的民居了。

过了两个月，我再次到上海拜访陈老，这次，我是携着市园文局施奠东局长给陈老的亲笔信去拜访他的。信中提到了有关雷峰塔的事："近来，您所关心的重建雷峰塔的事，稍有进展，现正尽力争取促成，一有进一步消息，定当奉告先生。现乘丁云川同志来沪之便，谨向您表示我们的慰问之意。"陈老看了施局长的信，非常高兴。他说盛世修塔是上名堂的，雷峰塔是西湖上的古迹，现在国家发展这么好，雷峰塔建成后，这样"雷峰如老衲，保俶似美人""一湖映两塔"的景象，又会在西湖上再现了。我们还向陈从周先生征求意见，重建的雷峰塔是按倒塌前的"老衲"形象造，还是恢复宋代的楼阁式塔。陈从周先生说，要按宋代楼阁式塔建。一则恢复宋代雷峰塔的式样，二则游人可以登塔观景，三则可知塔是在盛世所修。

1999 年 11 月 18 日，陈从周教授 81 周岁生日之际，我又专程赴上海为他庆贺，还告诉他有关重建雷峰塔的一些讯息。此时的陈从周先生已病入膏肓了，但听了要重建雷峰塔的好消息后，他的脸上露出了一丝笑容，并招呼我到他床边，他用极其微弱的声音对我说了"高兴"二字，颤颤巍巍地写下"重建雷峰塔"几字。殊不知这是陈从周先生对我说的最后的话和绝笔。2000 年 3 月 15 日，陈从周先生因病去世。

　　惊悉陈从周先生辞世的消息后，我在《杭州日报》上专门写了篇《悼念陈从周先生》的文章，文中有"雷峰塔建君却逝，影横湖上有尔容"的诗句，以示对陈从周先生倾注雷峰塔情感的怀念。

给岳庙补块碑

1998 年，岳庙文保所的沈立新先生对我说，岳飞墓前，秦桧、王氏、万俟卨、张俊四个铁像处，原来是有一块石碑的，记述了铁像铸造的年代和由来。可惜那块碑在 1966 年"破四旧"时被毁弃了。他为建岳庙碑廊，到处寻找那块碑，仍无着落。

我听了这番话后，就对沈立新说，我好像收藏了这块碑的拓本，但要回家去看一看才知道，是否对得上号。回去一看，我收藏的正是这块碑的拓本。文中记述，四个铁人像，是清代嘉庆七年（1802），浙江巡抚阮元用抓捕海盗的兵器重铸的。因年久，四铁像已剥蚀，身首残弃，同治年间得以补铸，仍跪如前，以"懔正气于人间"。此碑立于光绪二十三年（1897）十月，为浙江布政司恽祖翼作记文，字为贵州学政钱塘人杨文莹书。

岳庙碑文拓片

　　我将此拓本给沈立新先生展示后，他说，他寻找的就是这块碑，不然的话，只有四个铁人跪像，没有这块碑的文字配套，是不完整的，这样就补全了。

　　于是，我将此碑拓本捐赠给岳庙，沈立新非常高兴，1999年春，他亲手刻制了这块碑，现陈列于岳庙碑廊内。

三潭印月之彭玉麟自寿诗拓本

杭州西湖三潭印月在清末时，曾为兵部尚书彭玉麟（字雪琴）的退隐之所——退省庵。清光绪元年十二月十四日（1876年1月10日），适彭的花甲生辰，他闲居湖上，写了"无才无学最多惭，虚度人间六十年。道义难担肩瘦削，诗书大负腹空便。功名忝窃叨先德，事业相承望后贤。未与子孙留孽果，可容勉着祖生鞭"等八首自寿诗。末端还题：

麟也鲁，德薄才疏，又寡学问，光阴虚掷，无济时艰，愧实甚焉。光绪初元乙亥年嘉平望前日，年周花甲，怅然有作，得诗八章，用当生挽云尔，工拙所不计也。时客于浙之西湖，强病挈于退省庵一寄楼。南岳七二峰樵人、西湖十二桥钓叟雪琴并识。

是年冬日，彭将手书之八首诗赠给俞曲园的学生徐琪（号花农）。光绪辛巳年（1881）十月，徐将彭之诗呈给先生俞曲园过目。俞与彭乃姻亲，彭六十寿辰时，俞还作长联以贺。俞见此手书，即题下：

雪琴侍郎六十自寿诗，于西湖退省庵，手写一通，诒花农。光绪辛巳十月，花农示余于俞楼，因为题其端。侍郎云：自挽达词也。余易之曰：自寿，盖道其实。

曲园居士俞樾

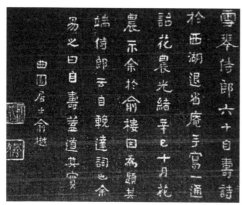

三潭印月彭玉麟自寿诗石碑拓本

光绪甲辰年（1904）六月，徐花农在北京供职，翻看彭玉麟当年手书的八首六十自寿诗，此时彭已去世。徐花农在彭的诗后，题了四首诗以记之。徐后嘱杭城的丁修甫先生命工嵌于湖上之专祠。

彭玉麟六十自寿诗、俞曲园题记、徐花农之诗等刻石，共有八方。每方长约80厘米，宽约32厘米。请教耄耋老人吾父丁肃君，说此八方刻石，原嵌于小瀛洲之壁间，在1966年秋被毁弃了。岁月流逝，世事沧桑，此八方刻石也许不在了。

附记：

彭玉麟自寿诗拓本已捐西湖博物馆。碑文诗句，与光绪十七年（1891）刊本《彭刚直公诗稿》稍异，如前述自寿诗，"瘦削"刊本作"太瘦"，"大负"刊本作"未饱"，"留孽果"刊本作"遗孽果"。

于右任题墓碑的贺舜华墓

莺飞草长的阳春三月，我涉足西湖的山水间，在翁家山村委会的门墙边，看到一块不显眼的墓碑，上书"镇海贺舜华女士"，落款为"于右任题"，我仔细看后，认为该墓碑镌刻的当为国民党元老于右任的手迹。于右任这位大名鼎鼎的人物，怎么会给一位看起来不出名的女士题写墓碑呢？一般人是攀不上于右任这样的大人物的，更不用说请于右任题写墓碑了，这位女士一定是大有来头的！

于是我就查找贺舜华的名字。我在民国时期的有关书籍中没有查到贺舜华的名字，由此可见，贺舜华她不是一位名人。于是我猜想，那可能是一位高攀大人物的小女子而已。忽而又一想，网上不知是否可以查到，便请同事帮忙查找。这一招果真灵，网上有信息说在上海古籍出版社 2004 年版《民国名流》一书中，有一篇陈良摤先生撰写的《蒋纬国的家庭教师贺舜华》。当天晚上，我便骑车去买这本书，从官巷口的新华书店到庆春路新华书店，又到体育场路上的晓风书店……此书均告售罄。翌日，我在杭州图书馆里找到了《民国名流》，图书馆管理员很客气地对我说：此书可借给你回去看。

蒋纬国四五岁的时候，蒋介石就将纬国交给太太姚冶诚抚养，取名姚纬国。姚太太先后住在苏州东小桥弄 3 号和十全街249 号寓所。姚太太眼看幼小的纬国聪明活泼，便想请个家庭

教师。通过熟人介绍，从上海请了一位清秀文静、衣着朴素、言语简明、和善亲切的未婚少女贺舜华。是年，姚纬国6岁，贺舜华22岁。纬国很听老师的话，与她相处得十分融洽。经过几年教学后，1924年9月，姚纬国到上海万竹小学读书。姚纬国在上海读书时，贺舜华也常往来于苏州、上海之间，还带姚纬国到贺舜华住在上海的义父刘渔笙（刘是清末监生）

贺舜华女士墓碑

家里，刘还出题目考纬国，小纬国回答得很好，刘赞贺舜华教导有方，夸小纬国聪明、学有长进。

北伐军打下南京后，此时在苏州姚家教书的贺舜华，才知道姚纬国是蒋介石的第二个儿子蒋纬国，姚太太即姚冶诚。蒋介石在苏州姚的寓所问贺舜华是去还是留，去则助以重金，留则当兵从军，贺舜华当即表示愿意从军北上。

贺舜华随军北上到河南开封附近，由于连日大雨不止，只得步行。贺舜华是个缠了小脚的女子，步行极不便，再加之水土不服、路途劳累，途中得病，无奈之下只得返回南京，1928年起任国民政府秘书。贺任秘书期间薪金颇丰。蒋纬国到南京，总免不了要去看看老师。在南京任秘书时，她结识了一位姓朱的工程师,岂知这位工程师爱情不专一,突然与其他女子订了婚,贺舜华得知后，一病不起，1932年冬逝于家乡镇海，时年32岁。贺舜华病逝后，蒋介石还发了唁电，送了赙仪（给丧家送的礼），并派人员前往祭奠。

　　贺舜华的两个弟弟长大后，在蒋纬国手下任职。为感激姐姐生前对他俩的培养，他们来到杭州西湖选择墓地，将姐姐安葬在风光秀美的翁家山上。由于贺舜华曾是蒋纬国家庭教师这层关系，所以能请到国民党元老于右任题写墓碑也就不足为奇了。

太岁庙前"火牛劫"碑石

2006 年 12 月初，《都市快报》的王家屏记者来问我，杭州是否有"火牛劫"石碑。我当即告诉她，有的，在吴山太岁庙前。

因为当年 7 月，我在《杭州日报》的副刊上发表了一篇《也说虎皮杀日寇》的文章。1937 年 12 月 24 日，杭州沦陷，日军驻扎在中山中路叶种德堂里，他们得知大井巷胡庆余堂养有梅花鹿，就派了一队人马到胡庆余堂掳掠，将圈养的梅花鹿抢到叶种德堂里斩杀、烧熟，还将药酒倒出来，酒醉饱餐了一顿，他们看到堂壁上挂有虎皮，一个头头就蒙上虎皮睡着了，后来，别人都醒，唯有头头再也没有醒来。是夜，日寇头头在吴山太岁庙前被火化了。杭州市民闻得这消息，都觉得大快人心。不久，不知是谁，在太岁庙前立了一块"火牛劫"石碑，三字刚劲有力，字体刻得非常之深，将人们对日寇恨之入骨的心情，全部倾在"火牛劫"三个字上。

为什么叫"火牛劫"？后来我看到民国时期的浙江省民政厅厅长阮毅成《三句不离本杭》（杭州出版社 2001 年）一书中提到，1945 年抗战胜利后，他回到杭州，游吴山时，在太岁庙前看到"火牛劫"石碑，于是他就想到 1937 年为农历丁丑年，在天干地支排行中，"甲乙丙丁"正对"金木水火"，"丁对火"，而"子丑寅卯"正好对"鼠牛虎兔"，"丑对牛"，于是聪明的杭州人对 1937 年丁丑年的劫难，就冠以"火牛劫"表露出来，而日寇哪能察觉到杭州人民的聪明才智和"杭铁头"精神。

"火牛劫"碑石在新中国成立初还在的，很有可能是在1958年前后被毁弃。据《杭州工商史料》介绍，吴山太岁庙西首，原有"王公祠"，供奉清朝浙江抚台王有龄。太平军进抵杭州时，王以身殉职，被清廷册封为"壮愍公"，并在吴山立祠。抗战前，祠倾废。

"火牛劫"碑石

1941年，多益处菜馆主人戎光久邀请鲁荫堂、俞绣章、翁吉生、池葆生、周长鑫等共商筹款重建。为纪念杭州商界潘赤文、王竹斋两人，改王公祠为"三公祠"。戎光久等特为建屋五间，塑像立碑，碑石题名为"火牛劫"，请陆佑之撰写碑记。据称，"火牛劫"的意思是纪念卢沟桥事变。卢沟桥事变发生于丁丑年（1937），丁对火（甲、乙、丙、丁）（金、木、水、火），丑对牛（子、丑、寅、卯）（鼠、牛、虎、兔）。

由于当时的历史环境，以"火牛劫"三字喻人民遭受劫难，"火牛劫"三字由商会秘书吴楚白题写。1946年，金润泉重修亭屋。

龙井老人说蒋半城的"三径堂蒋界"碑

2006年初春，我和夫人翻十里琅珰，从山顶往龙井的山坳望去，蓦然发现，半山腰里有一座圆形水泥大墓，还有围墙。我想经历过风雨浩劫，龙井山里居然还能有这么大的一座墓地。夫人说："你又要去寻了？"

第二天，我起了个大早，6点钟到平海路，乘27路车到龙井。在通往十八棵御茶园的路上，我向一位老人打听龙井半山腰里的这座大墓，他一听就笑眯眯地说，我问他问对了。他今年已90岁了，眼不花、耳不聋，名叫汪宝亭，是龙井村里土生土长的人，他对这座墓一清二楚，是看见它怎样筑起来的。他说，杭州有个蒋海筹，是首屈一指的大富人家，人称"蒋半城"，在灵隐筑过五代坟，这座坟是他上代的坟墓。他又说蒋本是绍兴人，上代的墓原来是在绍兴的。有次蒋到龙井山上来游玩，看到这里风光好，请了个风水先生来看。那个风水先生看了后，说龙井这半山腰的地方风水好，筑个墓，家业会大发的。于是在20世纪30年代（抗战以前），蒋就把绍兴的先人墓迁葬到龙井来了。现在墓还在，但墓碑已毁掉了。说罢，他给我指点了上山的路和方向。

因龙井茶尚未采摘，山上还没有采茶女，我一个人在清晨的阳光下，健步往山上走去，走到岔路处，我一时看不准，正好遇到一个来看茶地的村民，他说我走错了，要往西边的一

蒋半城先人墓墓墙　　　　　　　　蒋半城先人墓界碑

条山路上走……后来我来到这座大墓前，墓地一片荒凉，墓的一角还有盗洞，墓碑也不知去向，有处围墙有点坍塌，墓门还基本完好，墓地上的树与藤相互交织，墓前的踏步已被蔓草覆盖……我在墓墙外的茶地和西边的墓门边见到竖有"三径堂蒋界"的界碑石，我不禁思量起来，只有这块界碑，才是蒋海筹先人墓地的佐证。

虽然是早春二月了，但这座经历沧桑的蒋家先人的墓地却在断垣残壁和落絮败叶之中，孤零零地兀立着……

杭州发现陈夔龙继配许夫人墓志铭拓片

2005 年，我在杭州某收藏品市场见到一只纸袋，上面写有"清陈尚书夫人许氏墓志铭拓片"几个字。我猜想这会不会与陈夔龙有关，当即便抽出拓片阅读，铭文内容为"赐进士及第翰林院编修前安徽巡抚兼提督衔金坛冯煦撰文""赐进士出身翰林院编修二品衔前湖南提学使钱塘吴庆坻书丹""赐进士出身翰林院编修二品衔三品京堂毓秀宫行走番禺梁鼎芬篆盖"，由古吴黄吉园镌石。该墓志铭拓片呈正方形，长、宽各约75厘米，墓志铭为 35 行，每行 35 字，约 1200 字，字体清晰，铭文完整无缺。该墓志铭确实记载了陈夔龙的事迹，我当即买了下来。

该墓志铭记述了陈夔龙继配夫人为钱塘许氏，名禧身，字仲护，一字亭秋，生于咸丰八年戊午（1858）六月初一，卒于丙辰（1916）八月十八日，享年 59 岁。钱塘许氏为杭州横河桥大家，有一定的名望。墓志铭中还记述了许禧身于光绪十四年戊子（1888）31 岁时与陈夔龙成婚。光绪二十六年庚子（1900），她随陈夔龙到顺天时，北京正处义和团运动中，八国联军占领了北京，慈禧太后、光绪皇帝离京西行。而陈夔龙临危受命，留京办事，禀从两权大臣，后参与议款等事（历史上的"庚子赔款"），陈夔龙在议款"溃裂"后，回家"中夜继之以泣"。许夫人非但不同情丈夫，反而愤然曰"际此时艰，岂一泣所能渗联军骄纵"等语。

125

墓志铭中有慈禧、光绪帝与荣禄还京，张之洞督鄂，辛亥革命，以及宣统退位后，中华民国成立的这一年（1912），陈夔龙为修光绪皇帝的崇陵赞助了两千元等记载。

在墓志铭的末尾提及，陈夔龙为何要选右台山墓地筑生圹，是因为"右台郁蟠，林壑尤美，有隆在邛"。墓志铭亦记述了陈夔龙生前无子，只有两个女儿，名昌纹、昌颖，并早殇，遂将兄长的儿子昌豫作为嗣子，有孙子一，名南英，孙女二。与陈夔龙合葬的还有周、丁两位夫人。

这个墓志铭对研究陈夔龙的身世来说，无疑是一件极其难得的历史资料；对新修复的陈夔龙墓来说，当是相匹配的。

重立孙花翁墓碑石

孙惟信，号花翁，宋光宗绍熙年间（1190—1194）弃官自放，隐居杭州西湖。

其工诗词，好诗酒，隐居处家徒四壁，然其泰然处之。著有《花翁集》一卷。卒后，友人将他葬于宝石山下水仙王庙侧，词人刘克庄为他写墓志。

据《孙花翁墓征》俞樾序记载，清光绪二十年（1894）春，俞曲园泛舟里湖，见一古墓，以铁锢之，便赋诗一首："古墓竟谁氏，坟前石几留。何年铸顽铁，锢此土馒头。"后丁丙（号松生）见此诗，告知俞曲园为宋人孙花翁墓。于是俞曲园作《孙花翁墓记》一篇，丁丙将该记刻于墓前，并将孙花翁墓重立墓碑，重修墓园。

1964年冬，孙花翁墓遭毁。2006年6月在杭州召开的首个文化遗产日的会上，我向市领导和市园文局建议重修孙花翁墓。因此地现为重点风景区域，不宜筑墓。岳庙管理处文保所沈立新与我联系，于2007年立一标志性建筑物，以示对宋代诗人孙花翁的纪念。

保护龙井古碑

2004年2月早春的一个清晨，我和夫人朱福英到龙井去爬山，因时间还早，就在茶室旁的石头上吃早点。此刻，突然看到地上躺着几块石碑，字迹不清，我用茶水将石碑上的字一抹，见是宋代秦观所撰的《龙井记》（一作《游龙井记》），字为大名鼎鼎的董其昌所书；另一块为明代屠隆所作的《龙井茶歌》。这是两块见证龙井和龙井茶的重要碑石。于是我投书《杭州日报》和《钱江晚报》，两报迅即作了报道，引起了社会极大的反响。

市园文局钱江管理处的江航同志来到龙井，对我说，这两块碑他要放到六和塔的碑林里去。我说，这是关于龙井的石碑，在哪里发现，就应放在哪里。龙井石碑移个地方就会失去文物的价值和意义。

尔后，杭州碑林文保所陈进所长对《龙井记》碑和《龙井茶歌》碑作了深入的研究，2005年11月2日的《中国文物报》发表了《龙井新发现古碑的调查与初步研究》的文章。

《龙井记》碑，据他考证，《龙井见闻录》载，宋神宗元丰二年（1079）中秋后一日，秦观自吴兴到会稽省亲，路经杭州，因龙井辩才法师来信相邀，故特意到龙井寿圣寺拜见辩才法师。此事亦有秦观《龙井题名记》为证。秦观事后便写下《龙井记》一文。之后，由宋代大书法家米芾书写。《龙井记》碑上有"吴赤乌中，方士葛洪尝炼丹于此"的文字。这是目前所有文献资

128

料中对龙井人文历史年代最早的记载。由此，龙井的人文历史或许可追溯到三国时代，距今已有1700多年。这一记载至少改变了对龙井"开发年代"固有的视域，提供了一个更为宽广的龙井历史框架。

《龙井茶歌》碑，碑面因风化，字迹较模糊。根据碑文落款"万历甲午秋七月"，当是1594年所作，为明代遗物。碑文内容为明

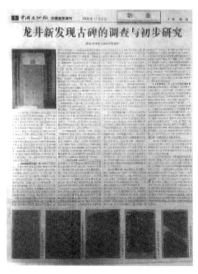

有关龙井发现古碑的报道

代文学家、书法家屠隆所写的一篇《龙井茶歌》，诗中描写了龙井茶的生长环境与气候环境。文曰：

> 山通海眼蟠龙脉，神物蜿蟺此真宅。飞泉喷沫走白虹，万古灵源长不息。琮琤时谐琴筑声，澄泓冷浸玻璃色。令人对此清心魂，一漱如饮甘露液。吾闻龙女参灵山，岂是如来八功德。此山秀结复产茶，谷雨霡霂抽仙芽。香胜旃檀华严界，味同沆瀣上清家。雀舌龙团亦浪说，顾渚阳羡讵须夸。摘来片片通灵窍，啜处泠泠馨齿牙。玉川何妨尽七碗，赵州借此演三车。采取龙井茶，还念龙井水。……

此碑所记的诗句在古代所有描写龙井茶的诗歌中是最长的一首，记录了龙井茶在明代的历史风貌，对当今来说，是新发现。尤其是诗歌开拓的龙井品茶的文化意蕴和至美境界，增强了休闲游玩的情趣格调，提升了龙井茶的档次。

在 2005 年 8 月西湖综合保护工程中，对龙井景区的自然资源和文化资源进行整合、开发和利用，《龙井记》碑、《龙井茶歌》碑重新矗立于龙井景区内，得以长期保存。

于谦故居的碑文

坐落在吴山脚下祠堂巷的于谦故居，重修后至今已有约 15 个年头了。于谦故居平淡似水，但它承载并延续着杭州的历史。故居内矗立的两块记述于谦史迹的碑文，历经明、清数百年风雨，有的文字已经漫漶不清，有的甚至被人为地凿得斑斑驳驳。一块碑石是于谦故居原有的，一块是从三台山麓于谦祠移过来的。

我几次来到于谦故居看这两块碑。一块是明代浙江仁和（今杭州）夏时正（1412—1499）撰的《怜忠祠碑记》，制于明孝宗弘治元年（1488），上镌千余文字，惜字迹漫漶，大多无可辨认。其碑头上刻有《明宪宗谕祭文》："维成化二年岁次丙戌，十二月戊戌朔，越十日戊申，皇帝遣行人司行人马曔，谕祭故少保兼兵部尚书于谦曰：卿以俊伟之器，经济之才，历事先朝，茂著劳绩。当国家之多难，保社稷以无虞，惟公道而自持，为权奸之所害。在先帝已知其枉，而朕心实怜其忠，故复卿子官，遣行人谕祭。呜呼！哀其死而表其生，一顺乎天理；厄于前而伸于后，尤惬乎人心。用昭百世之名，式慰九泉之意，灵爽如在，尚其鉴之。"成化二年丙戌即 1466 年。从碑文中得知，明宪宗朱见深为于谦平反昭雪，当为先帝明英宗朱祁镇在时，已认为于谦被杀是"枉"的，故即位后，很快就为于谦平反昭雪，并将其故居辟为"怜忠祠"。

此碑的背面为《崇德报功碑》，今摘录碑中的部分文字："钦

依内事,例于每岁春仲月,将少保于谦就于杭民建立祠,内照依,后开品物,支给官钱买办,自备祭文,□本府掌印,正官依期致祭。

"计开品物:猪一口、羊一腔、鱼醢(酱鱼)、肉醢(酱肉)、蔬菜五品、时果五品、香一炷、烛一寸、酒一瓶。

"本府祭文:维天佑命,诞生贤辅。匡济王室,允文允武。功盖当时,名垂千古。崇报□殊,永祀□士。时维仲春,谨以少保精忠大节,昭贯日星,功在社稷,名著简册,乡人仰其高而祠之,朝廷怜其忠而祀之。非幸也,宜也……

"所居看守人役之亵秽之徒,合与定夺禁伐。杭州府每岁于徭内量拨相应人户一名,在祠看守……有伤作践亵慢者,许地方总小甲及看守人役送本府究治,通将□过人役并出告示□由……弘治十一年四月二□日工部主事。"弘治十一年即1498年。

从此碑文中得知,杭城百姓为于谦建祠事,得到官府的认可,根据于谦生前官职,明孝宗朱祐樘钦定祭祀时享用的祭品和杭州府颁制的祭文。官府从每年的税收中拨出专款,委派专人负责看管怜忠祠,如有秽辱怜忠祠之徒,可以捉拿到官府,并将其罪责公示于众。

另一块《于谦遗像》碑为清代嘉庆七年(1802)浙江巡抚阮元所立,阮元在碑上题曰:"于忠肃公于明室有再造功,以徐(有贞)、石(亨)奸诬故遇害。元(阮元)在京师,闻余姚邵学士晋涵云:'尝见明景泰间通政司旧册,内署某月日,今于某一本为太子事,惜其年月未能记忆。'元(阮元)以此语仁和孙御史志祖。御史……斯言更可证矣。此前贤未彰之事,特为揭之。"景泰间即1450—1457年。

从碑文中可知，阮元在京师时曾看到过有关于谦遇害的相关秘册，未曾公开过，阮元特镌于碑，揭之于世。

这块碑上还刻有："忠肃公之祖，尝慕宋文丞相之忠烈，奉遗像甚处，厥后公父梦丞相至其家，以洪武戊寅年四月二十七日生公。父老相传三台山公祖茔之左，旧有丞相祠宇，次子福成奉檄修祠墓，工竣而殁，未修葺丞相之祠。谨识所闻于此，以俟后之补葺者，有所考焉。光绪辛巳吴廷康志（吴廷康曾在杭州任过地方官）。"洪武戊寅年即洪武三十一年（1398），光绪辛巳即光绪七年（1881）。

从碑文中可见，于谦的祖辈父辈都是崇仰忠烈之士的，对于谦自小就施以爱国的教育，希望于谦学习文天祥的品格。

该碑下方还有一个记述于谦庙题壁诗的故事：光绪四年（1878）八月望日，一位名叫卜杏樵的江苏武进（今常州）人，在杭州城南任税务官，他受梅小岩中丞的委托，专程到三台山于谦庙祭祀瞻拜于谦，拈香后，口占两绝："宰树苍凉宿草深，一抔终古镇湖浔。四山桑（霜）叶红于血，犹染当年殉国心。""咫尺邻封桂子秋，天香如共瓣香浮。应从梦里重寻梦，性分中无万户侯。"并沾笔墨书于壁间。不久，卜杏樵老人逝世，逝前告诉子孙他生前曾在杭州三台山于谦庙有过题壁诗的事。

三年后的 1881 年，他的后人卜文杓来到西湖三台山，晋谒于谦庙，见先人的题壁诗已被风雨剥蚀，只字无存，甚为心伤。翌年（1882）春，得知《于谦遗像》碑得立，卜文杓找出其父两首题壁诗的遗稿手迹，勒于遗像碑上。于谦故居的碑虽不多，但记述的史事甚为翔实，可为研究于谦提供第一手的史料，实属珍贵。

附记:

碑上《明宪宗谕祭文》和《于谦遗像》阮元题记,文字部分可辨识,部分漫漶不清,故文中所引前者以《于忠肃公祠墓录》(《武林掌故丛书》本)为参考,后者以《擘经室二集》(《清代诗文集汇编》本)为参考。

一块 1000 多年前修桥铺路的石碑

我在杭州市档案馆编撰的《杭州年鉴》中，看到一篇西泠印社收藏有"宋代砌街记石"的文字，碑上刻有"大中祥符三年"。这块石碑怎么会在西泠印社的呢？于是我作了一些追溯推考。

约百年前的 1923 年 10 月 29 日，杭州城东板儿巷（现建国南路）改建马路时，从地下挖出一块石碑，筑路人不知道古碑的价值，遂丢弃一旁。西泠印社的丁仁、叶铭等人闻讯后，赶赴现场。拂拭碑后，他们认为这是一块有纪年、记事的宋代古碑。碑上镌有 12 行 147 个文字（其中有两字漫漶不清）。砌街的都料匠（管理木工并计划工程材料的大木匠）王霸的名字也被镌刻其上。丁仁等人认为，这是一块难得一见的颇有历史价值的古碑，应该保护起来。

当时西泠印社初创不到 20 年，但在杭城已经有一定声望，丁仁和叶铭亦算是杭城的乡贤名士，他们呈请省警察厅工务处派员将石碑运到西泠印社保存。

为了进一步搞清这块宋代石碑是否还在西泠印社，明了这 145 个文字的记事内容，我向西泠印社原文物处王佩智处长请教。他高兴地告诉我，西泠印社在建社 100 周年之际，曾对馆藏文物、金石碑刻等进行了普查，并编撰出版了《西泠印社摩崖刻石》一书，丁仁、叶铭所保护入藏的"宋代砌街记石"被编入书中。王佩智先生遂将该碑石图片和释文一并发给了我。

细细品读古碑上的文字，我粗略地解读出了宋代在崇新门一带民间修桥铺路的一段往事。

确切地说，时间应是北宋的宋真宗时期，杭城崇新门一带还是城乡接合处，这里有一条河，即现今的东河，河的两边有一座法济院。据《武林坊巷志》记载，法济院始建于乾德元年（963），供奉观音，时称观音院，治平二年（1065）改称法济院。1000多年前，这一带道路泥泞，老百姓行走不太方便。大中祥符三年（1010）的农历四月十八日，住在附近的乡贤冯宪、徐翊、严君赞、高承霸、高仁福等人提议修缮大街通道，法济院僧省欢、院奉圆大师等，捐金舍银，不辞劳苦，四处募捐。募足钱款后，修路工程从这年的八月初三，自西头桥堍起开始动工。八月二十七日，从崇新门砌至法济院东。此后，在检查工程进度时，发现崇新门里街尚未砌成，又备材料，召集匠人，修至某（因碑文漫漶不清）高桥，最终，崇新门里外大街修缮同时完成。

石碑到了西泠印社后，叶铭对碑文作了研究，还写了题记："右石出土板儿巷，即宋之百花池上巷。所称崇新门，在今城头巷口。"1924年，西泠印社建社20周年时，丁仁和叶铭将该石碑展示给社员赏鉴。

我查阅相关资料知悉，大中祥符三年（1010）的杭州知州是枢密直学士戚纶。据《宋史·戚纶传》载，戚纶在杭州任职时，钱塘江水患严重，他将精力和官府的财力、物力及人力都用在治水患上了。而"宋代砌街记石"记载，在城乡接合处的崇新门一带的百姓，为方便出行，改善居住环境，在乡贤们的倡议下，大家出钱的出钱，出力的出力，不向地方政府要一文钱，自发地动员组织起来，将崇新门一带的路修好。这件有功于地方的

善事、好事，乡贤们认为应该"永为标记"，于是立碑纪念。

往事越千年，岁月一去不复返，1000 多年前杭城百姓所做过的事情，由于有了碑文的记载，被历史铭记。杭州的老百姓，自古以来是挚爱生于斯、长于斯、老于斯的这片土地的。

附记：

"宋代砌街记"在民国《杭州府志》中称《祥符崇新门砌街记》，志中载："宣统二年庚戌十月，出土板儿巷。石高宋三司布帛尺一尺六寸九分弱，广一尺二村八分强。正书，十二行，行十三字，第七行十四字，第十行泐二字。"志中所录记文比碑文少"各舍金帛遍募近远四众信人"十二字。

西湖文化名人墓地纪念碑

　　杭州西湖的孤山上，在清末和民国时期筑有杭州知府林启、满族女子惠兴、诗僧苏曼殊、秋瑾挚友徐自华和诗人林寒碧的坟墓。林启是求是书院、浙江蚕学馆和养正书塾的创始人，现今求是书院已发展成为我国一流的大学——浙江大学，浙江蚕学馆已成为浙江理工大学，养正书塾已成为著名的杭州高级中学和杭州第四中学。惠兴是清末为办学殉身的烈性女子，惠兴中学就是她创办的，为纪念她，路名也改为惠兴路。苏曼殊是大名鼎鼎的诗僧，曾参加过孙中山领导的辛亥革命，是南社社员，病逝后葬于孤山，为安葬他，孙中山先生还捐赠千金，柳亚子先生撰写碑文。徐自华是辛亥英烈秋瑾的挚友，秋瑾投身推翻清朝统治的革命事业，她生前对徐自华说，倘若她为革命牺牲，宁埋骨西泠。秋瑾牺牲后，徐自华想尽办法在西泠桥畔择得墓地安葬。岂知此事触及清廷，清廷不但捣毁秋瑾墓，还下令逮捕徐自华，徐自华被迫隐身外地。1935 年徐自华逝世后，葬于孤山。诗人林寒碧是追随孙中山先生革命的志士，辛亥革命后曾任宋教仁的秘书，袁世凯称帝后，因极力反袁而遭通缉，后在沪任《时事新报》主笔，1916 年赴梁启超约时，被英商汽车所撞而身亡，1920 年葬于西湖孤山。

　　这几位或在中国历史上有积极影响或对杭州教育文化发展作出过贡献的人物，他们的坟墓于 1964 年 12 月被迁往鸡笼山

马坡岭。随着岁月的流逝，他们在马坡岭的墓地，已被风雨侵蚀而日渐湮没。几年来，我按照当年埋葬他们墓地的示意图，多次来到鸡笼山马坡岭，在当地村民的指点下，找寻他们的墓地，但只看到了隆起的小土堆。

2004 年 12 月 20 日，我提笔向当时杭州市委主要领导王国平书记提出，希望能给苏曼殊、林启等文化名人墓地立块纪念碑。王国平书记很重视，在我的建议信上作了"请园文局抓好落实"的批示。2004 年 12 月 30 日，市园文局文物处的领导会同凤凰山、灵隐和岳庙管理处的同志，并将我请了去，在云松书舍商讨如何尽快将西湖文化名人墓地纪念碑竖起来。我心里是非常高兴的，因为被湮没了的西湖文化名人，终于能重新扬名于世。这不仅是对故人的缅怀，而且为西湖增加了人文的积淀，并可使后人有一个凭吊西湖文化名人的去处。

会上，园文局的同志提出来，由于这几位文化名人已逝去几十年、上百年了，他们的有关史料和照片怕一时找不到，他们把这个任务交给我。因为如果碑上有文化名人的照片，凭吊的人来到西湖文化名人墓地纪念碑前，看后会有直观的感觉。还希望我最好能做到一人一照一篇生平介绍，并要求每篇文字控制在 200 字内。待我先将这步工作做好了，再约时间到实地踏看。

我接到这个任务后，千方百计地寻找资料，我在《南社人物传》的书中，找到了林寒碧女儿林隐（北丽）在上海的住处，于是我抱着试试看的心态给林隐女士写了一封信。林隐女士接信后，很快回信，说：

> 意外地收到大札，真是太感谢了。我家不幸，先

父（林寒碧）、母（徐蕴华）、先姨（徐自华）和先夫林庚白早年都投身辛亥革命，大半生为革命斗争贡献力量，甚至不惜自己生命，然不意辛苦营葬的墓地都在十年浩劫中遭毁。

先父（及母亲）和先姨最初安葬于西湖孤山（现尚留有照片），新中国成立初期，因孤山一带成为禁葬区，所有坟墓都需迁葬。当时北丽奉母命，写信给当时浙江省政府领导宋云彬同志，述先辈参加辛亥革命情况，要求保留原有墓地。经浙江省当局研究，念先辈对革命有贡献，准予保留墓地。至60年代，西湖孤山及西泠桥一带政府计划建立公园，为人民服务，乃将先父、先姨及苏曼殊等墓迁往西湖吉庆山建立五烈士墓，并通知住在上海的我，我们全家由此欢欣，并深深感激政府对革命者的爱护。不意十年劫难，烈士墓竟也遭殃，弄得尸骨无存。为此，北丽于1981年通过母校——浙江省立高中校长崔东伯老师函浙江辛亥革命70周年筹委会，恳求恢复林寒碧、徐自华墓地。兹后接到浙江辛亥革命70周年筹委会办公室复信，嘱直接与杭州市文管会联系。我曾持公函到杭州市文管会，其时接待我的同志说，因"四人帮"打倒未久，许多事务都需安排，此事处理尚需等待。嗣后，北丽因患病不能赴杭，但曾于1994年往当时任浙江省政协副主席的崔东伯老师处再请其帮助进行申请。崔老师也回信答允，但不久崔老师病故，北丽也进入老年，实在力不从心。但先辈参加革命结果连纪

念的地方都没有，实在成为一种心病。今接先生惠函，知先辈已有建立纪念碑的可能，并且能在年内实施，怎不感激万分？兹根据先生来函，先寄上先姨徐自华半身照一张，关于先父的照片，因目前手头只有一张全身像，今拟托朋友翻拍半身照放大，照片放大后再寄奉。关于介绍文字有些什么要求，应写大约多少字，请示知，以便照办。

下面我有些要求，拟恳先生鼎力协助。先母徐蕴华（小淑）早年与先姨、先父同时参加辛亥革命，同为同盟会会员，她原来的生圹也在西湖孤山先父的墓地。1963年病故后，葬上海某公墓，此墓在十年浩劫中被毁。北丽希望这次为先父建立纪念碑时也能加上她的名字，以供后人凭吊。

信中有些不谙之处，请先生能理解一个九十高龄老人的心情。

林隐女士的信函使我进一步地了解到，她为苏曼殊、徐自华和其父母林寒碧、徐蕴华墓地复建所做的一些事情，几十年来，她奔走沪杭两地，并托有关人士帮助，均无着落，直至她垂垂老矣。就在她深感不幸之时，接到了我的来信，便向我倾诉了她心中的痛楚。

与此同时，我又向在北京的中国近代文学学会中国南社与柳亚子研究分会的年已古稀的周永珍先生去信，告知他为西湖文化名人墓地立纪念碑的事。周永珍先生见到我的信后，极其高兴，很快就复信道：遵嘱寄上徐自华、林寒碧照片各一张……为两位先辈立碑，这几十年来，立碑一事是徐林两家以及柳亚子先生的殷切希望，如今将实现，确实令人高兴，先生的出力亦将载诸史册。当我得到林隐、周永珍先生所提供的极其珍贵的徐自华、林寒碧、徐蕴华的照片后，我又将杭州高级中学、杭州十一中校史中的林启、惠兴女士和《孤云野鹤》一书中的苏曼殊照片作了翻拍。同时，我根据《南社人物传》中，对苏曼殊、徐自华、林寒碧、徐蕴华和《杭州历史名人》一书中对林启、惠兴女士的生平介绍，一一摘编成文后，将苏曼殊、徐自华、林寒碧、徐蕴华的生平简介再寄给上海的林隐和北京的周永珍，征询他们的意见。因为生平简介是绝不能有一字之差错和疏忽的，我认为他们毕竟是亲人和先辈，应予把关。不数日，我就接到了他们修改后的生平简介。

我将六位西湖文化名人的照片和生平简介整理汇总后，送交给时任市园文局副局长刘颖和文物处审阅。他们很重视，又希望我能为西湖文化名人墓地纪念碑撰写前言，我也相当乐意地接受。刘颖副局长还对我说，约个时间到墓地去踏看一次。不日，刘颖副局长、文物处许建明、灵隐管理处文物科王丽雅和我一起来到马坡岭，我还陪刘副局长等人到山坡上，看一座稍稍隆起的小土堆，我说尽管墓碑没有了，也不知道是哪一位名人的墓葬地，他们的棺柩虽已湮没在这片林地里，但肯定是西湖文化名人的墓地。那天，我还带了1964年12月园林部门对六位文化名人迁葬到马坡岭墓地的示意图。刘副局长等人将墓地和示意图相对照后，确认此地为西湖文化名人墓地。

在现场，刘副局长对文物处的同志说，西湖名人墓地纪念碑，应按市领导意见抓好落实，设计方案请文物处搞一个，工程由曾负责重修沈括墓的西湖南线管理处实施，时间初步定在10月1日前完成。

2005年8月，我接到文物处许建明同志的电话，说西湖南线管理处在西湖文化名人墓地已制作好纪念碑样板，要约我去看一下纪念碑样板的高低大小尺寸。尽管那天下雨，刘副局长也来到现场，看了后，他提出，既然搞，就要搞得大气一点，他们在中国历史和杭州文化教育史上都是有贡献的人物。就这样，施工单位根据刘副局长的意见加高加长了西湖文化名人墓地纪念碑的尺寸。

为西湖文化名人墓地纪念碑事，我与林隐通了好几封信，当她知道我也是毕业于杭州高级中学的，便很乐意地称我为学弟。国庆前夕，我又收到她的信，问及国庆前可否完成西湖文化名人墓地纪念碑。由于国庆节前，园文局在西湖上要完成的工程较多，故纪念碑将延缓至10月底完成。我只好将延缓的时间告知林隐女士。

园文局的许建明同志对西湖文化名人墓地纪念碑事相当重视，10月中旬，再次约我对名人们的生平文字进行斟酌和核实，最后对林隐提出的徐蕴华生平与林寒碧刻在一块碑上的建议，再次请示领导，刘副局长同意了林隐的要求。

11月初，西湖文化名人墓地纪念碑已建成，但有一条道路未建好，因为当地农民看到马坡岭上矗立起西湖文化名人墓地纪念碑，人们肯定要上去瞻仰的，是一定要有一条走道的。有户农民趁时在纪念碑前的地上种满了茶苗，顿时让施工单位傻了眼。灵隐管理处的王丽雅见状，当即向园文局领导作了汇报。为了解决走道，园文局又向那户农民支付了茶苗赔偿款。

西湖文化名人墓地纪念碑建成后，刘颖副局长、文物处的许建明、灵隐管理处文物科的王丽雅和我一起又一次来到现场。刘副局长对我说，这纪念碑应当说基本上是符合名人身份的规

格和要求的，我也同意他的看法。是年 11 月 14 日，我写了封信给林隐女士。11 月 25 日，林隐女士给我复信，希望尽早来看西湖文化名人墓地纪念碑，因她的外孙从美国回来的目的，就是要看看他太外公、太外婆的墓地。此时，许建明同志出差在外，我又要在 12 月 7 日去台湾赴会。我来到园文局面见刘副局长，商谈纪念碑揭碑事，刘副局长决定在 12 月 5 日下午 3 时举行，如有时间，他也一定参加。当晚，我就将揭碑事告知林隐，她非常激动，第二天就要外孙买好赴杭的火车票。12 月 5 日下午 1 时，我在火车东站接到林隐及其外孙。同时，我又请到于 1964 年 12 月 4 日夜迁林启墓时的目击者——当年在市文管会工作的朱德班老人。朱老告诉我，当年林启棺椁挖起来时，在探照灯照射下，油漆都还是发亮的。我们一行人到马坡岭西湖文化名人墓地时，已近下午 3 时了，市园文局、文物处、灵隐管理处的领导，以及《杭州日报》《钱江晚报》《青年时报》《今日早报》《都市快报》《每日商报》《联谊报》和杭州电视台等新闻媒体的记者，都来到现场，并采访了林寒碧的女儿林隐女士。她在外孙的陪同下，不时地用手抚摸她父亲林寒碧和母亲徐蕴华的照片，双眼久久地注视着她的姨母徐自华女士的遗像，此情此景真是无法用语言能表达出来的。揭碑仪式后，林隐女士对记者说，她非常感谢杭州市的领导、感谢市园文局，圆了她一生中最后的愿望，自此她心中再也没有遗憾的事了。日后，她还要通过北京的中国南社与柳亚子研究分会，告慰柳亚子先生的英灵——苏曼殊墓地的纪念碑建成了。她又说："本来到杭州是没有地方可走的，现在可以到墓地来看望亲人了。"尽管她已九十高龄，但只要走得动，她还是要到杭州来的。

在这天的揭碑仪式上，浙江省杭州高级中学、浙江省杭州

第四中学、浙江省杭州第十一中学、杭州市惠兴中学的校领导都来瞻谒他们学校的创始人林启先生和惠兴女士。他们还对媒体表示，今后这里将成为他们学校进行爱国主义教育的基地。西湖文化名人墓地纪念碑建成的消息，除省、市媒体作了报道外，《人民日报》也作了相关报道。

西湖文化名人墓地建起来了，我如释重负地舒了一口气，但囿于我这个布衣之人的能力，也只能做到这一步。若干年后，也许会有人为苏曼殊、林启、惠兴、徐自华、林寒碧和徐蕴华夫妇各自的墓地矗立起碑来，我盼望着这一天……

附记：

林隐（北丽）女士于 2006 年 10 月 15 日辞世。据市委办公厅有位同志告诉我，西湖上恢复名人墓地，建纪念碑一事，经王国平书记在市委办公会议研究后决定修建西湖文化名人墓地纪念碑。

塘栖乾隆御碑的前世今生

2023 年 12 月，我查阅了一些塘栖乾隆御碑有关的史料，得知这块碑与乾隆首次南巡有关。

《清通鉴》载，乾隆帝"法祖（康熙）省方"，"尝六度南巡江浙"。首次南巡，"从乾隆十四年（1749）即筹备南巡事宜"。

乾隆十六年（1751）正月初二日，乾隆在勤政殿阅取自乾隆元年（1736）至乾隆十三年（1748）间江浙皖三省上交地丁银的情况，当天就在殿里写下："朕巡幸江浙，问俗省方。……着将乾隆元年至乾隆十三年，江苏积欠地丁二百二十八万余两、安徽积欠地丁三十万五千余两，悉行蠲免……朕以初次南巡，故特加恩格外……其浙江一省，虽额赋略少于江苏，而节年以来，并无积欠……朕甚嘉焉。着将本年应征地丁钱粮，蠲免三十万两，以示鼓励。"

《清通鉴》载，是年正月十三日，乾隆帝首次南巡，车驾发京师，二月末入浙江境。《乾

乾隆三月初一到达杭州，驻跸西湖圣因寺行宫，初二、初三、初四、初五在杭州游览。三月初六、七、八三日去绍兴祭大禹庙，三月九日回杭州，仍驻跸圣因寺行宫，至十四日继离杭北返，两次在杭州停留九天，为此次南巡驻留最久的地方。

三月初一日　戊戌

自塘栖镇大营起行，经安桥、王家庄、汪潭渡、十里亭、拱宸桥、北新关，至江涨桥新码头登岸，经宝庆桥、左家桥、进杭州府城武林门，出镜塘门，经昭庆寺，至圣因寺行宫驻跸。至三月初五日壬寅均驻跸於圣因寺行宫。（图四〇、四一）

《乾隆南巡图研究·南巡日录》书影

隆南巡图研究》（文物出版社 2010 年版）载："三月初一日，戊戌，自塘栖镇大营起行……至圣因寺行宫驻跸。"由此可知，二月末，乾隆帝是在塘栖镇大营休整的。据蒋豫生先生《塘栖旧事》载，当时乾隆南巡驻跸塘栖行宫（大营），召集江浙皖封疆大员与杭州知府伴驾，议及此事。由此可知，乾隆是当着三省大员的面，将他亲书嘉奖浙江的谕旨颁发下去的。

浙江官员当年便将此事记录下并镌刻成碑。清光绪《塘栖志》载："乾隆辛未（1751）于故址建昭恩碑亭。"

世事沧桑，时代变迁。清亡后，明代的水利通判厅一带早已荒芜了，而这块乾隆御碑，却孤零零立在野地里经风沐雨。近百年前，吴兴（今湖州）人卢锦江（1881—1954），1927年任塘栖崇裕丝厂首任厂长，在原荒芜的水利通判厅遗址处，出资购入约 4 亩（约合 2666.67 平方米）地，建了一座三楼三底的住宅，并将乾隆御碑砌入墙体内。自此，乾隆御碑便湮没在暗无天日的高墙里。

1984 年，塘栖镇文化站发现居民屋里有块砌入墙体的石碑，无从辨识。1985 年冬，县志办、县文联、县文管会、塘栖镇文化站、镇志办等人员一起冒寒登屋，对外露部分逐个手摩目辨，得百余字。有位余国隽先生爬上房顶，看到顶部露出双龙戏珠的刻石图纹和"钦此"二字，即知此碑身价不凡。2002 年，当地政府出资，

塘栖乾隆御碑亭

147

拆除碑旁的房屋，尘封多年的御碑重见天日。经测：碑身高3.35米，宽1.4米，厚0.5米；碑座高1.1米，宽1.8米，厚约1米；碑额高1米，宽1.5米。此碑总高5.45米。这样大型规制的御碑，在江南一带极为罕见。

　　为进一步弄清楚乾隆御碑的"今生"，我向曾在县文保部门工作、年近古稀的林金木先生请教。他告诉我，乾隆御碑上文字历经风雨的侵蚀，字体已模糊不清，特别是底座腐蚀严重，座基下泥土松软，为了保护在江南难得一见的乾隆御碑，经研究，御碑向西平行移动了二三十米，在坚实的地面上重新矗立起来，并建亭保护。

　　而今，对历史文化遗产的保护越来越受到重视，塘栖这块颇有历史文化价值的乾隆御碑，与水利通判厅遗址一起在2011年被公布为浙江省文物保护单位。2014年中国大运河成为世界文化遗产后，乾隆御碑更是成为大运河畔的一处亮点。

百井坊巷的百年碑石

2020 年春，我应邀参加区政协会议，会上，见到一位穿戴民族服饰的女士，分组后，得知她是满族人，其祖上清代时是在湖滨旗营生活的，后来迁到百井坊巷居住，她说自己是个土生土长的杭州人。

当听到"百井坊巷"这个地名时，我迅即想到所收藏的一幅《浙江省区救济院百井坊巷平民住宅落成记》（以下简称《百井坊巷平民住宅落成记》）碑石的拓本。这碑记文字较多，内容翔实，是块"千字文"。碑中记述："辛亥鼎革，满营改为市场。"为着这个缘故，居住在旗营里的人都要迁出来。如敦煌守护人常书鸿先生的夫人李承仙女士，1999 年来杭州时告诉我说，常老的一家就是从旗营迁到荷花池头的。

碑文中记述："旗民之贫窭者，失其栖止。"这就是说，生活贫困且失去住宅的旗民，要过颠沛流离、寄人篱下的生活了。怎么办呢？碑文中又记述："当局就菩提寺路辟地建平屋二百间以居之。"岂知，这些平屋系旧屋所改，"料窳工简"，是偷工减料建造的，"不十年，已就颓圮"。

居住在附近的一位里绅程紫缙，看到旗民的苦楚，他痛心不已，便与当时的慈善机构"同善堂"商议，提出以慈善的方式，为贫困的旗民解忧。他们在城内四处寻找，想找一处能安置二百户人家的空地，于是来到百井坊巷。这个坊里曾有历经宋、

149

元、明、清的养济院。随着时代的变革，岁月的流逝，这所旧养济院，满目疮痍，一片榛莽，墙坍壁倒，荒芜不堪……看了后，怎不令人感慨？他们认为，除了地基可利用外，别无一点可取之处。

这位程紫缙绅士出了一个主意，对同善堂的人说，像出售旗营土地那样，将二百间的地基进行拍卖，所得款项，移用到百井坊巷原养济院的地基上，来个"售此赎彼，挹其余资，以图重建"。

20世纪20年代初，百井坊巷还属仁和县管辖。省里认为这"售此赎彼"的做法，须报经内务部和财政部批准。岂知收到的是一份"驳斥"的批件！这时，幸得在京的乡贤孙宝琦（字慕韩）的大力相助、据理力争和从中斡旋，终获"两部"照准，将菩提寺路二百间地基拨给同善堂处置。菩提寺路的二百间地基，经丈量，为十六亩二分有奇，同善堂以每亩两千银元的价格出售，当先得到一万银元后，将原养济院的土地办了手续，归属到同善堂名下。然而，由于当时社会的原因，这项平民住宅迁建工程被搁置了下来。

1927年初春，北伐军进入杭州。1927年5月，正式设立杭州市。1927年10月至1928年10月，陈屺怀任杭州市市长时，他对同善堂

《浙江省区救济院百井坊巷平民住宅落成记》拓片

150

的人事作了变动。继承者程学銮（字仰坡）、祝星五、孙智敏（字廑才）作了个决定：向原买入菩提寺路二百间的承购户作了回购。尔后，再以每亩三千六百银元的地价出售，扣除归还原承购户本金、息金和填埋百井坊巷内水塘等费用，尚有余银三万八千七百余元。他们又对建造百井坊巷平民住宅重新进行规划布局和工作安排：同善堂负责与承购户签约和财务的收付款；杭州市商会会长王湘泉和银行界人士金润泉负责项目的设计、招投标及报批手续；救济院院长根据市府要求，负责拆除原养济院的二十一间旧屋和新建二百十三间平民住宅、两处公厕、七间临街市屋及十六间小学校舍、五楹礼堂。

该平民住宅项目，经公开招投标，确定由楼发记营造厂中标。又经报批同意，增建十七间平屋，埋设下水道及装置公用自来水。除各善士乐施外，尚不敷银两千余元。不足部分以救济院 1928 年度经费结余之款拨补。

平民住宅工程自 1931 年冬动工，至 1932 年夏竣工，历时半年多。1933 年 10 月，在小学的墙上嵌了一块《百井坊巷平民住宅落成记》的碑石。由于有了这块碑石，我们才得知杭州旗民的这件往事……

岁月流逝，城市发展。百年前曾经荒芜蔓草的百井坊巷，如今早已融入喧嚣的城市之中。2021 年，百井坊巷的平民住宅被列入拆迁范围。居住在这里的旗民后代，面临再一次的迁徙——而这一次则是笑逐颜开地步入新居的。

前些年，浙江大学的方龙龙教授获悉百井坊巷地块出让的消息，特意来到小学的原址上，寻找那块曾见过的《百井坊巷平民住宅落成记》碑石，遗憾的是未能见到。他打电话问我，知不知道这块碑石的下落。我告诉他，碑石的下落不太清楚，但我保存着这块碑石的拓片。他迫不及待地想看一看。我随即拍照发给他。他高兴地说："就是这块碑！尽管是拓片，这也是我们杭州历史文化遗存的见证！"

谭其骧一纸定隆中

2024 年秋天，我和夫人来到诸葛亮故居——湖北襄阳古隆中，在景区内见到一块近 2 米高的石碑，镌刻着"诸葛亮躬耕于南阳郡邓县之隆中，在襄阳城西二十里，北周省邓县，此后隆中遂属襄阳"的文字。碑为 1990 年 3 月谭其骧题。谭其骧是浙江大学的教授，为什么要将他的题字立在古隆中？由此，引发了我寻根问底的好奇心。我在景区书房买到了《隆中志》和《历代名人与隆中》两本书，回杭后又作了一些粗浅的考查。

诸葛亮在《前出师表》写道："臣本布衣，躬耕于南阳。"诸葛亮躬耕的"南阳"，究竟是在河南南阳之卧龙岗，还是湖北襄阳之古隆中？"襄阳""南阳"各执一词，争论不休。

清代咸丰年间的南阳知县顾嘉蘅，进士出身，也是位诗词楹联的高手。他到任南阳后，对"襄阳""南阳"之争非常关注，想

谭其骧题字碑

153

来想去，写下"心在汉室，原无分先主后主；名高天下，何必辩襄阳南阳"，这真是快刀切豆腐——两面光。言下之意是，不要再为哪里是诸葛亮的躬耕之居而争论。

但世上的事，总应该搞个清楚、弄个明白的。20世纪80年代，诸葛亮躬耕之居到底是襄阳还是南阳，又产生纷争。国家有关部门也相当重视，自1986年至1990年召开了多次专家学者论证会。1990年3月15日，著名历史地理专家谭其骧等16人参加诸葛亮躬耕之地的学术论证会。会上，谭其骧以历代史籍记载及南阳、襄阳行政区域划分为依据，认为诸葛亮躬耕之地在今天的襄阳古隆中。

正因为这次论证会，确定了襄阳隆中为诸葛亮躬耕故居地，南阳卧龙岗为诸葛亮纪念地。

于是，相关部门请谭其骧题字并镌刻成碑。

谭其骧为什么这么有权威？为何是他一纸可定诸葛亮躬耕之地呢？

20多年前，浙江大学党委书记张浚生送我一本《求是英才传》，其中就有关于谭其骧的记叙。谭其骧（1911—1992），浙江嘉兴人，1930年毕业于上海暨南大学历史系。1940年春，任内迁贵州（遵义）的浙江大学史地系副教授、教授，1946年随校回杭州。1950年因院系调整，转任上海复旦大学历史系教授、主任。从1959年起兼任中国历史地理研究室主任、中国历史地理研究所所长、国家历史地图集编委会副主任兼总编辑。谭其骧是我国研究史地方面的权威专家。

我又向研究浙江大学的周黔生先生请教，进一步了解谭其骧的故事。周黔生告诉我，谭其骧1946年回杭州后，住在刀茅巷建德村，潜心研究杭州的城市发展历史。1947年11月30

日，他应浙江省教育会等邀请，在浙江民众教育馆作题为《杭州都市发展之经过》的演讲，并发表于杭州《东南日报》1948年3月6日《云涛》副刊第26期。文中记述了2000多年的杭州发展情况。

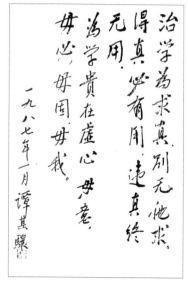

谭其骧题字

1988年4月，杭州史学界正在编撰一套《杭州历史丛编》，专门请谭其骧先生为丛书作序。谭其骧写道："我从龆龀至弱冠，每年必到杭州一二次；中岁又以浙人任教旧浙大十年，居杭凡四年。自问对杭州的感情可能不亚于杭州人，因而不敢，也不愿推辞这一雅命。"读来可感受到其对杭州的深厚情感。

我更为敬佩的是谭其骧先生的治学精神。1987年1月，在浙江大学建校100周年前夕，他欣然题字："治学为求真，别无他求。得真必有用，违真终无用。为学贵在虚心，毋意，毋必，毋固，毋我。"

由此，我也终于了解到为什么谭其骧先生能一纸定隆中。

白鹤峰上读碑文

西湖上的山真是座座都有故事。我虽已至耄耋之年，在杭州没有到过的山还是有的。

一天，我和夫人登上了满觉陇一座叫白鹤峰的茶山。我们从一条近几年新修的石径上山，两旁皆是绿篱茶园，不消十几分钟，就到了山顶。山顶矗立着一座宽约 1 米、高约 3 米的方形石碑，顶上塑有一只欲飞的白鹤，正面刻"白鹤峰"三字，碑侧刻："饮茶为整个国民的生活增色不少，它在这里的作用，超过了任何一项同类型的人类文明。"落款："林语堂"。

这句话出自现代作家林语堂《吾国与吾民》第二部第九章《生活的艺术》。文中详细描述了饮茶在中国文化中的重要性。林语堂提出了"三泡"说，认为茶在第二泡时最为妙。他所提倡的"茶为国饮"之句，用在西湖龙井茶的主要产地"满陇桂雨"白鹤峰茶园中，十分贴切。

我是初次来到白鹤峰，不由得对白鹤峰的由来产生了兴

白鹤峰标志碑

156

趣，于是作了一番考证。

清代《西湖志纂》卷五载："白鹤峰，与贵人峰相并，以形似得名。"施奠东主编的《西湖志》卷四载："白鹤峰，在杨梅岭南，虎跑泉北，海拔二百零七米。《西湖志》卷五引《虎跑寺志》：'与贵人峰相并，其形似鹤，故名。'一说寰中禅师说法时，有白鹤来巢其上，是以名之。"

原来，白鹤峰得名的原因，一是其山峰形似鹤，二是寰中禅师说法时有白鹤飞来在此筑巢。

在黄公元《高僧与西湖》等书中记载，寰中禅师俗姓卢，河东蒲阪（今山西永济蒲州）人，25岁中第，后在并州（今山西太原）童子寺出家。唐元和十四年（819）来到杭州大慈山，喜其清净、富有灵气，在山下创建广福院。

我想，若从寰中禅师在此讲经说法时计算，那"白鹤峰"之名已有1200多年的历史了。

清代乾隆年间的翟灏、翟瀚兄弟在编纂《湖山便览》时，将沈尔夏作的《白鹤峰》一诗编入书中。同是乾隆年间的许承祖，在《雪庄西湖渔唱》书中，也有一首《白鹤峰》。在沈、许两人笔下，当年白鹤峰还是"荒藓"一片。但他们在登顶观赏湖光山色时都有一个遐想，希望能见到白鹤飞来，可以"安得乘风跨白鹤，碧云深处共回翔"。然而，事实是怎样的呢？他们只能在峰顶空叹"千古不飞回"。

道光二十九年（1849），兵部侍郎戴熙告假归故里，于次年的一个秋天，应虎跑寺僧人邀请，夜宿寺中。是夜，皓月中天，戴熙在寺僧陪同下，披衣上山，看到"凉月白如昼……避月入松窦。月来寻幽人，清光松下漏。举首忽见月，松影满月瘦"。他们沿着石蹬，不知不觉登上了山顶。戴熙在月光下"回顾所

157

来径，峭壁势如削。俯视下深黑，知有千尺壑"。这时，寺僧告诉他，他们已登上白鹤峰顶了。戴熙想起寰中禅师说法时有白鹤飞到山顶，而今，在明月之夜的山峰上，环顾夜空，多想看到白鹤飞来，听到鹤鸣。很遗憾，只有"欲化唳空鹤"的伤感。

当他回到僧舍时，已是夜深人静，更漏之时。戴熙灵感袭来，即兴作了《夜游虎跑山中》二首，并书下一联："此方定是神仙宅；一室可为安乐窝。"

岁月流逝，人事代谢。现今的白鹤峰早已不是"荒薜"一片，而是漫山遍野的翠绿茶园，成了西湖龙井茶的重要产区。当地的村民用自己勤劳的双手，营造了白鹤峰美丽的景观，并让冠以"白鹤献瑞"之名的龙井茶香飘天下。

戴熙所题联句

摩崖造像

烟霞洞"象象"刻石的谜底揭开了

儿时，父母亲带我到烟霞洞游玩，让我去看"象象"刻石：一块大、一块小，很像大象鼻子。我一边说真像啊，一边用手去摸摸它们。记得下山时，路过一座亭子，亭子的石柱上刻有一副对联："一角夕阳藏古洞；四周岚翠接遥村。"父亲解释给我说，这个古洞就是烟霞洞，遥村指的是山下的满觉陇村……大约70年前父母亲带我游玩的情景，如今依然历历在目。然而，"象象"二字的来历，父亲却没有讲起过。

1971年国庆期间，我和女友福英（后来她成为我的妻子）相约游玩，先去了石屋洞、水乐洞，后沿山路来到了烟霞洞。看到"象象"二字的刻石时，福英也笑开了，也用手去摸摸，不停地说："真像，真像……"

她问我这两个字是谁题的。我一看，题名人叫陈志皋，书写者叫李辛阳。时间是"甲戌年二月"。这我就搞不清了，六十一甲子，怎么说得清楚是哪一个甲戌年呢？陈志皋、李辛阳又是什么朝代的人呢？半个多世纪过去了，萦绕在我心里的疑问一直没有解开。

20世纪末，市园文局施奠东局长送我一本他主编的《西湖志》。在"碑碣"这一卷里，有这样的文字："象象摩崖题刻，在烟霞洞右石崖上，'象象'二字，三十五厘米见方（落款甲戌年二月陈志皋题，李辛阳书），落款字十厘米见方。"

　　短短48个字，写明了"象象"二字的位置——烟霞洞右石崖，以及题名人和书写者的名字。但对"象象"二字的由来，没有更深层的说明。

　　2021年春，我与福英去广州看女儿，在广州购书中心看到《黄慕兰自传》（中国大百科全书出版社2012年），封底写着"慕兰是党的百科全书。——周恩来"，黄慕兰这个名字让人蓦然想起往事。2005年12月5日下午，在杭州鸡笼山马坡岭，从上海赶来的90岁的林北丽女士（秋瑾盟友徐蕴华之女），参加完西湖文化名人墓地纪念碑揭碑仪式后，对我说，今晚要住到她的老友、时年99岁的黄慕兰女士家中。我问她住址，她说，黄慕兰就住在新华路长庆街。我说，我就住在对面的水陆寺巷。于是，我一直送她到黄慕兰家的电梯口。

　　因为有了这个前缘，我就把《黄慕兰自传》这本书买了回来。

　　不看不知道，一看不得了。黄慕兰是一位了不起的共产党

"象象"刻石

员，她年轻有为，受周恩来同志直接领导。1931 年，她成功营救了关向应等党内高级干部。1932 年 3 月，党组织派她来到杭州，住在孤山俞楼，她拜俞平伯的父亲俞陛云为师，差不多住了一年的时间。

仰慕黄慕兰的上海大律师陈志皋，当年约了孙晓村律师（余杭人，是新中国成立后第一、二、三届全国人大代表）、李辛阳（私立上海法学院院长）一起来杭州游玩。陈志皋身世不凡，是海宁大名鼎鼎的陈阁老（元龙）七世孙，他本人当时在上海滩也十分出名，黄慕兰通过他营救了不少我党的干部。

杭州的湖光山色、福地洞天，是他们游览消遣的好去处。3 月的一天（农历仍是二月），他们四人一同来到烟霞洞，看到洞前有两块山石，越看越像大象。于是他们要为两块石头取名，大石头像大象，小石头像小象，陈志皋当即就题名"象象"。他题名"象象"还有三点理由：1. 其石像象；2. 有一大一小两头象；3. 当日他们步行到烟霞洞，食量大增，把清修寺里的素斋一扫而光，自嘲虽是书生，食量却像象。

餐后，他们又看到山上还有一块大石头，似虎又似狮，便取名"师狮"。当时正是"一·二八"淞沪抗战之后，意谓民众团结抗日之情浓烈，中华睡狮要觉醒了！

陈志皋请李辛阳来书"象象"二字，又给清修寺方丈 100 块钱，拜托他请人将字镌刻在石头上，并嘱咐方丈一定要刻上"陈志皋题""李辛阳书"的落款。方丈也很大气，请人将"象象"两个字刻得很大很深，成为烟霞洞的一处胜景。

得知"象象"二字的由来后，我第一时间告知福英：你半个世纪前的提问，我今天终于可以解答了。我不只是为你作答，也可以为大家解答。这"象象"二字已经 90 多岁了。

163

岁月不留情，人生似过客。当年来到烟霞洞为"象象"命名刻字的四人都已经作古，儿时带我游烟霞洞的父母也作古了。只有"象象"刻石和这块刻石相关的历史故事会流传下去，为西湖山水再添一则趣闻。

附记：

1932年是壬申年，1934年才是甲戌年。不知是陈志皋一行人到"象象"刻石年份有误，还是清修寺僧人误刻年份，仍待考证。

飞来峰下的千岁浮雕

秋风送爽，夫人说到西湖上去走走，于是我们来到灵隐，来到飞来峰看石刻。飞来峰石刻都清洁过了，令人耳目一新。

我们从玉乳洞移步到青林洞，看到了许多石刻。一块平躺的石床上方刻有十八尊罗汉，石床的对面，有一块"卢舍那佛会浮雕"的木牌，记载的时间是北宋。左侧壁上刻有密密麻麻的文字，浮雕下面也刻了文字。我一一拍照回家后作些研考。

先找出明代杭州人田汝成的《西湖游览志》，从中得知，田汝成是到过飞来峰、玉乳洞、青林洞的。他当时的记述是"壁间题刻甚多，苔藓侵蚀，漶漫不可辨识"，这说明，从北宋到明代的几百年间，玉乳洞、青林洞内的刻石文字，已无法看清了。

继而，我又翻查清雍正《西湖志》，查到了"胡承德凿佛题名"的记载："弟子胡承德伏为四恩（父母恩、众生恩、国王恩、三宝恩）三有（欲有、色有、无色有），命石工镌卢舍那佛会一十七身，所期来往观瞻，同生净土。时大宋乾兴□□四月日记。（正书摩崖）"看了记载，我便生发了要将卢舍那佛会雕凿的时间搞个清楚的念头。

大宋"乾兴"是宋真宗的最后一个年号，第二年就是宋仁宗"天圣"年号了。"乾兴"后面两个缺字，我想可补为"元年"二字，即公元1022年，距2022年正好1000年。另，孙星衍、邢澍《寰宇访碑录》载："灵隐青林洞胡承德造像，正书，乾

165

兴元年四月。"

卢舍那佛会浮雕镌成后，有不少达官贵人、文人雅士前来观瞻，还刻石留记。我初步梳理了一下。

上述"胡承德凿佛题名"就在浮雕的左边，再左就是子容等八人"熙宁丙辰八月癸巳，自净慈、南屏、下天竺过灵鹫，遂游灵隐而归"的题刻。经查，此题刻收录在阮元《两浙金石志》卷六中。熙宁九年丙辰八年癸巳即 1076 年 9 月 10 日。子容即苏颂（1020—1101），北宋四朝元老，也是中国古代著名的天文学家，世界上最古老的天文钟"水运仪象台"就是他主持制造的。

浮雕的下方，有"李琮、朱明之、杨景略、黄颂、胡援、林希，元丰二年五月四日游灵鹫洞"的题刻。元丰二年五月四日即 1079 年 6 月 5 日。经查：李琮，江宁人，进士，元丰二年以权发遣户部判官使江浙，后也当过杭州知州；朱明之，王安石妹婿；杨景略，洛阳人，工诗文；黄颂，苏州吴县人，进士，曾任明州鄞县（今宁波市）知县；林希，福州人，进士，继苏轼任职杭州知州；胡援，待考。

浮雕左下角还有"胡宗师、蔡举用同游，元丰二年七月十七日"的刻石。元丰二年七月十七日即 1079 年 8 月 16 日。胡宗师也是进士出身，后任职两浙路监司；蔡举用，待考。

浮雕右边有"道宗、用晦、行甫己未三月三日游"的刻石。己未即元丰二年（1079）。道宗、用晦、行甫三人是谁，不得而知。雍正《西湖志》载有此题刻，同书亦载："虞用晦题名，在灵隐山石弄，虞用晦元丰二年七月二十二日。"释道潜《参廖集》有《次韵王行甫奉议湖上晚归遇雨》。此二条文献不知是否与用晦、行甫二人相关，待考。但有一点可以证实：三月

三，北宋时的杭州市民百姓会到西湖上春游，也会徒步到灵隐、飞来峰游玩踏青。

在浮雕框外的左下角，还有赵善郘等七人"嘉定十有五年（1222）末伏日避暑来游"的题刻。

经查考，这题名的七位人物中，赵善郘（字国安）为宋太宗七世孙，赵诇夫（字子美）任过催纲官，赵必愿（字立夫）任过尚书，三人皆为赵氏宗室。成纪（今属甘肃）李刘（字公甫）、宛陵（今安徽宣城）奚祝（字和甫）、开封向士逢（字吉甫）、古括（今浙江丽水）朱方叔（字君猷），也都是有学问的人士。

一句简单的刻石，不但记下了800多年前这七人结伴避暑之事，也让我们得知，飞来峰下的洞窟，自古以来就是避暑胜地。

最使我激动的，是在卢舍那佛会浮雕右下方，发现了"西泠印社仁和王寿祺、叶铭，泉唐丁仁，山阴吴隐同观"的题刻。

据《西泠印社志稿》记载，叶铭"善古隶，工铁笔，尤工刻碑"，这四人同观的刻石，极有可能是叶铭所刻。但具体是哪一年来"同观"并刻石，题刻上无记录，我在志稿中也未查到相关记载。

我随即将题刻之事告知西泠印社原办公室主任王佩智先生，他告诉我，他们至今还不知道四位创始人在飞来峰有题刻。这一题刻的发现，又可为西泠印社社史添补一则逸事佳话呢！

飞来峰摩崖刻石，历史悠久，名人题刻比比皆是。特别是这龛卢舍那佛会浮雕，从一开始就被人赏识。200岁（1222年）时，赵氏宗室等后人，三伏天来此避暑留题；20

卢舍那佛会浮雕

世纪初叶，距离其诞生900年左右时，西泠印社的四位创始人前来同观留题；在它1000岁"高寿"之际，杭州市园文局、西湖风景名胜区又给飞来峰做了"全身保洁"。而今的飞来峰清清爽爽、干干净净、体体面面、风风光光地在迎候人们的到来。

谁是西湖摩崖题刻最多的人

谁是西湖群山上题刻最多的人？

是方豪。

方豪（1482—1530），字思道，浙江开化人。明正德三年（1508）进士，后到各地任职。正德十三年（1518）升授刑部湖广司主事。正德十四年（1519），武宗要南巡江南，他力谏阻止，"跪阙下五日，复受杖"。人生遭此劫难，身心两伤，心灰意冷，这时的方豪，可能有遁入空门之意。

正德十五年（1520）年初，在大雪纷飞的日子里，他来到素有"东南佛国"之称的杭州。正月初五这一天，方豪来到北山崇寿寺，在寺僧文铺的陪同下游玩了宝石山。这天，雪后初晴，湖山银装素裹。他俩走到川正洞时，向断桥一带的西湖望去，湖上白雪皑皑，像雪白的毡毯。方豪想，用什么词来表达呢？他认为用"雪氎毹"最为恰当。他俩边走边聊，不知不觉从石阶登上了一个平台，台上可望见松林，一阵风过，方豪见此台可看松听风，便向方丈提出可否建个"看松台"，方丈一口应允。方豪说，建台之资，由他捐助。方丈听罢，定要方豪留宿，提议两人"今夜谈平生，明早看日出"。

翌日早起，霞光布满天际，方豪思潮涌起：这里是屯聚霞光之地，普天下的霞光似乎都是从这里散发出去的。于是他挥笔书下"屯霞"和"雪氎毹"两处题名。

正月初六，方豪从宝石山来到灵隐寺，与他一起到灵隐的有按察司副使于鳌、张淮和金事刘大谟。他们先游玉泉清涟寺，后到灵隐寺。中午，寺里的德明方丈以小酌接饮他们。下午，一行人又到龙泓洞等处山洞游玩。方豪留下"龙泓洞""通天洞""玉乳洞"等题刻。近晚时，其他几位都回去了，唯独方豪受方丈之邀宿于寺内。

第二天是初七，初七在古代是"人日"。两位仁和（今杭州）人庶吉士江晖和进士陈直听说方豪在杭州，立刻载酒来访，他们一起在飞来洞午酌后，再游天竺。在下天竺的三生石上，方豪留下"江晖、陈直载酒来访方豪，于飞来洞，此日三人又同游三生石"的题刻。

正月初九，方豪在监察御史刘栾、张鳌山和主事王舜渔的陪同下一起游览了九华山留月崖诸景，还留下"望湖石""石匣泉""幔石""石倚"等题刻。

方豪从初五到初九，在杭州已走访了崇寿、清涟、灵隐、天竺诸寺，了解了一些佛寺的情况。正月初十，方豪来到净慈寺，受到住持德聚的热情接待，邀他宿在寺里，可不计时日。他在僧寮望见那南屏、九曜起伏的群山，如同在万峰深处，于是题诗一首："万峰雨歇青鞋湿，石磴风高白帽斜。几向西湖寻佛国，宁知下榻借僧家。林藏慧日天应近，竹覆慈云物自华。莫怪卜居孙处士，故园吾亦忘烟霞。"（《宿万松深处》）方丈看了诗后，更得知方豪的心思。方丈对方豪说，本寺在南屏山慧日峰下，南宋时，"慧日峰"三字早已刻石，但南屏山至今仍无"南屏"之名，贫僧恭请与大人结缘，请书"南屏"墨宝留山寺。方豪并无推辞，书下"南屏"二字。

翌日，即正月十一日，杭州知府张芹宴请方豪于南屏山慧

方豪刻石

日峰下，方豪将此次宴请也刻在慧日峰上。

是年闰八月二十日，方豪又来到杭州，到万松书院，并游览了凤凰山的圣果寺，在那里他题了"石门""访石门"和"正德庚辰闰八月廿日，方豪、郑善夫来访石门""十日外，方豪又来，五日乃去"的刻石。

过了两年，嘉靖元年（1522），方豪被召回京，复任刑部主事，赐金、加俸一级。

嘉靖二年（1523）正月，方豪再次来到杭州，这次来杭心情不再郁闷了。正月初九日，方豪与王荩、胡镇同游湖西的烟霞三洞，他们从石屋洞游到烟霞洞。烟霞洞上方半山腰洞口，有一大石，如手掌下垂，筋节明晰，指爪葱蒨，故称佛手岩。游后，他题下"王荩、胡镇、方豪同游……佛手岩"和"嘉靖二年正月九日，曁庵王荩、棠陵方豪、拙峰胡镇，自石屋来游"的刻石，以及"癸未正月九日……象鼻峰"的题刻。一日题名三处。

　　我的杭高校友、西湖文化研究会的邵群先生，对西湖山上的摩崖石刻作了长期的研究，近20年里，拓遍了西湖山上的摩崖石刻，并将《凤凰山摩崖萃编》和"至微堂"同仁关于南高峰、宝石山有关方豪的题刻也赠予我，使我对西湖山上有关方豪的摩崖刻石有了更深的了解。正如邵群先生所言，方豪是"明代西湖摩崖题刻最多的人"。

　　方豪在西湖山上的题刻历经风雨沧桑，已有约500年了。时至今日，我们尚能在西湖的山水间看到方豪的题刻，有的已漫漶不清，有的已彻底消失了——如南屏山上的"南屏"刻石。

　　2007年春，净慈寺的延光法师邀请我参加新建殿宇的奠基仪式。同年11月23日，新建殿宇正式动工。我在现场看到西侧山坡上刻有"南屏"二字，为方思道所书。我见状就去问时任方丈的妙高法师。法师告诉我，当初搞设计时，这里是没有见到山石的，后基建人员在清理场地时发现有山石裸露出来，并见到"南屏"二字。现在已没有办法了，地面要平整，山石要削平。我想这是没有办法的了，于是将"南屏""方思道"拍了照片。就这样，已有约500年历史的"南屏"刻石的"生命"就此终止了。前些年，净慈寺戒清方丈问我，当初为什么不将"南屏""方思道"拓下来呢？我语塞无言。

　　2022年元旦，新年的第一天，浙江有新闻媒体邀请我到宝石山上接受新年第一缕阳光的采访，从初阳台一直讲到保俶塔，在保俶塔偏西北有块山石上，刻有"屯霞"二字，"屯霞"刻石，原来在这里"活着"。

杭州知府丁洪的南屏山诗刻

超强台风"轩岚诺"刚过，杭城终于度过酷夏，秋风拂人，我将《杭州凤凰山摩崖萃编》（以下简称《摩崖萃编》）一书端出来看。这是西湖文化研究会的邵群女士，倾15年的心血，将西湖南岸凤凰山、玉皇山、将台山、南屏山等的摩崖石刻200余幅，一块一块拍照记录，终成《摩崖萃编》，成为西湖上传世的金石典籍。

不看不知道，一看很惊喜——内有《明·丁洪诗刻》一篇，我蓦然想起，丁洪会不会是我的祖上？

我迅即将《日铸丁氏宗谱》翻开，查到了有关丁洪的记载："丁洪，生于正德十四年己卯（1519）十月初十戌时……生三子，卒于万历十六年戊子（1588）七月十九日戌时……"其他文字均未记入。看来不对，我祖上的丁洪并非刻石之丁洪。

《摩崖萃编》中的丁洪是这样的：经查，生于成化十六年（1480），江西铅山县人。正德九年（1514），35岁，高中甲戌榜进士。先担任武昌县令，当时荒疫并作，流离载道，丁洪捐俸，施药粥，让百姓平安康复；任安徽当涂县令时，遇大旱，他竭诚呼祝，遂沛甘霖，万民咸悦，为建生祠；后在浙江鄞县（今宁波市）、慈溪和甘肃兰州任知县……

嘉靖十三年（1534），丁洪55岁了。这一年，他好友中有位姓夏的同乡，在朝中有一定的权力。乡人对丁洪说，夏相

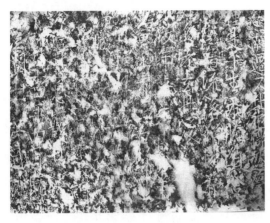

丁洪南屏山诗刻

当朝，你要晋职是完全可以的。丁洪听后，面露正色："爵禄朝廷公典，勤劳臣子，岂敢觊乎！"是年冬月，丁洪任杭州知府。

第二年，即嘉靖十四年（1535）二月，丁洪接调令去北方任职。这时，丁洪到杭州才只有短短四个月。虽然时间短，但丁洪已经对杭州产生了感情，这可是一个山清水秀的好地方啊！

他想到在游西湖南屏山一带时，看到嶙峋的山石上，有不少题名。于是，在二月十五日夜，一轮明月映湖山之际，丁洪行到南山，写下一首诗："忽忽南迁又北征，恍然梦里是平生。飞腾自合同云鸟，流落犹怜有姓名。老去壮心终不改，年来华发半多更。山青云白归何日？惭对西湖月满城。"并附记："时守杭方四月，奉改调命当北上，息此数月，嘉靖十四年仲春既望，阆山丁洪识。"事可见于徐逢吉《清波小志》。

丁洪作此诗是在卸任杭州知府之时，古时士人能在西湖上留个名，是人生之幸事。丁洪在离杭前踏看湖山，选定南屏山的石佛洞前，将此诗刻就后，离杭赴任。

岁月流逝，山石易蚀，雨雪风霜，近500年。当邵群等有识之士，在南屏山中觅得此刻石时，见文字已漫漶。他们细心地将风蚀去尽，露出难以辨认的文字，逐字逐句地将全诗和题记录入《摩崖萃编》中，以传后世。

我查了整个明代的277年之间，在杭州任职的知府有72位，

丁洪序列第 32 位。当时杭州知府平均任职时间在四年左右，丁洪仅驻留四个月，是明代杭州知府中任职最短的一位。然而，西湖南屏山的刻石却把他的名字永久地留在了杭州。

"蕉石鸣琴"，康有为与西湖的缘分

我到广州万木草堂参观时了解到，1897年，康有为弟弟康广仁携侄女康同薇到上海开不缠足大会。

我通过查阅《康南海自编年谱》《康有为大传》《追忆康有为》《万木草堂诗集》等书了解到，1897年，康有为、康广仁与康同薇游玩杭州西湖时，受到钱塘县令吴双遣的盛情款待，并在花港高庄住了三夜。其间，他们瞻谒了岳王庙、于谦祠，游了龙井寺、烟霞洞、韬光寺、天竺寺等。康有为觉得这个地方好：跨苏堤，过花港观鱼，为里湖幽绝处，远望湖中，荷塘数十里，有人家杂居荷柳深处……继而，他笑着对女儿说："同薇，我也想在这里卜宅而居。"

1898年，戊戌变法失败，康广仁不幸殉国，康有为逃往海外。一别多年，1915年，康有为再游西湖时，特意来到高庄，旧地重游。想起那年在高庄的往事，物是人非，怎不使人怆怀，随即写下："湖水仍清柳放绵，高庄庭户尚依然。记携弱女曾三宿，苏武重来十九年。"同时，他也没忘记在这幽胜处卜宅而居的想法。

1916年夏，康有为受浙江督军吕公望、警务处处长夏超的邀请，入住刘庄。是时，康有为在西湖西南隅尽头的丁家山购园地30余亩，1920年春夏之际开始修屋亭道路，于1921年夏建成。从康有为的文字中得知，他在丁家山安家，确是不容

易的，反反复复争议了 11 次。

《西湖新志》载："丁家山，南高峰之支也，在杨堤西南，与北岸栖霞岭、乌石峰相拱揖。"雍正年间，浙江总督李卫疏浚西湖时，辟径建了一条登山小道，还建了一座丁家山亭。山石间筑有舫室数间，舫前奇石林立，状似芭蕉，高丈许，遂称"蕉屏"。屏内放置石床、石几，时有人携琴弹奏《梅花三弄》，古音疏越，响入秋云，高山流水，增修景目曰"蕉石鸣琴"。

康有为得丁家山园地后，建成一天园，先后邀请老友来访，有结交三十余年的尚书沈寐叟、晚清词家朱彊村、晚清诗人陈三立等。他们游玩后认为，这里都已是"康圣人"的山了，何不谓之"康山"？康有为认为言之有理，便想请沈寐叟来题写。但沈寐叟婉言谢绝。

康有为认为自己题写"康山"是不合适的，于是 1922 年给沈寐叟写了一首《西湖水上步沈寐翁尚书兄即寄》："烟深不见北高峰，独泛扁舟写旧踪。可惜寐翁不携手，钱江风雨见鱼龙。"沈寐叟读罢，再不能拂却老友之情，欣然书下"康山"墨宝。嗣后，康有为自书"蕉石鸣琴""潜岩"。

1924 年，康有为与家人在一天园共度元宵佳节。当夜，他欣喜地写下一首诗，诗题是《甲子元夕，一天园山巅无障碍坛放烟火，与同璧、同凝、同俟及昌婿，僖、俸、邦、凤四孙，饮酒传花。惜薇不来》。

然而，好景不常在。三年后，康有为因病辞世，时有争议的丁家山一天园被政府收回。

据施奠东主编的《西湖志》载，蕉石鸣琴题刻，在丁家山东端，蹬道之南丈许石壁前，每字 25 厘米见方，沟底刻法，刻于卓立之石上，落款"庚申（1920）三月康有为"；潜岩摩崖

丁家山石刻

题刻，在丁家山脊，行书，每字45厘米见方，落款"南海康有为"；康山摩崖题刻，在丁家山脊岩壁，行书，每字60厘米见方，清沈曾植题书。

再来丁家山，我寻到"康山""蕉石鸣琴""潜岩"等刻石，它们都完好如初，字迹上还饰以红、绿色，很是显眼。"蕉屏"旁，种了不少芭蕉，"潜岩"下一泓山泉，池水清澈，可照人影。屈指算算这些刻石的年纪，已是100多岁了。"康山"的刻石虽在，但今天人们仍旧叫着"丁家山"的名字。这真是："湖上人事多变迁，百年康山仍姓丁！"

飞来峰石刻与神尼舍利塔

　　2023 年的一天，邵群女士对我说，2023 年农历八月二十三日是白居易写《冷泉亭记》1200 周年。于是我们来到灵隐寺，遗憾的是没有该记的碑石。尔后，我们来到飞来峰下，参观"飞来峰里的文化亚洲"展览。在展室里，我们见到了唐代元和八年至十年（813—815）杭州刺史卢元辅镌刻在神尼舍利塔下石壁上的游天竺寺诗刻："水田十里学袈裟，秋殿千金俨释迦。远客偏求月桂子，老人不记石莲花。武林山价悬隋日，天竺经文隶汉家。苔壁娲皇炼来处，渺中修竹扫云霞。"该诗未入编清代《全唐诗》，而在飞来峰留下了诗刻，真的是弥足珍贵。

　　随之见到的是白居易好友萧悦的题名刻石："前太常寺奉礼郎萧悦、前太常寺奉礼郎王亘。"短短十八字，留给后世。白居易有《予以长庆二年冬十月到杭州。明年秋九月，始与范阳卢贾、汝南周元范、兰陵萧悦、清河崔求、东莱刘方舆同游恩德寺之泉洞竹石，籍甚久矣，

萧悦题名刻石

179

及兹目击，果惬心期。因自嗟云：到郡周岁方来，入寺半日复去，俯视朱绶，仰睇白云，有愧于心，遂留绝句》诗，由此推测：萧悦在飞来峰的题名刻石，很有可能是在长庆三年（823）九月前后，到2023年正好1200年。

从这两则题刻，足见唐代时的飞来峰，已是游览和题刻的胜地。之后的历朝历代，有诸多名人来此题刻，如北宋名臣梅询，著《述煮茶小品》的叶清辰，《西湖百咏》的作者郭祥正，元代著名书画家赵孟頫的父亲赵与訔，明代书画家孙克弘，浙江巡抚阮元……这些题刻都为飞来峰的历史文化增光添辉。

此时，邵群女士指着一张照片非常自信地说，古代时，飞来峰应是西湖灵隐天竺一带的主峰。为此，特意请摄影师拍了一张以飞来峰为中心的照片。

我对飞来峰为主峰的说法产生了兴趣。中国佛教协会原副会长巨赞法师所撰的《灵隐小志》记载："飞来峰一名灵鹫峰，为灵隐寺之案山。"他还引用《淳祐临安志》说："……天目（《武林掌故丛编》本作'余杭'）下武林灵隐山始韶秀，而山于是左右分。北高峰左转抵葛岭，下标以保俶塔。右转一支挟南山，标以雷峰塔。二塔为西湖门户。"于是，巨赞法师在小志中写道："武林之山，虽不甚高大，而实为钱塘之主山。杭州之称武林，宜哉。"这更进一步地印证了邵群对飞来峰为主峰的说法。

武林山是钱塘的主山，飞来峰是武林山的主峰，顿使我生发遐想——隋代建在飞来峰上的神尼舍利塔，岂不是成了主山山峰上的标志性建筑？继而，我对飞来峰上的神尼舍利塔作了一些查考。据《隋书》载，隋开皇二十年十二月辛巳（601年2月4日，文帝下诏："佛法深妙，道教虚融，咸降大慈，济度群品……所以雕铸灵相，图写真形……并生养万物，利益兆

人，故建庙立祀，以时恭敬……沙门坏佛像，道士坏天尊者，以恶逆论。"仁寿元年（601），隋文帝下诏颁佛舍利于诸州。相传，隋文帝杨坚幼时由智仙尼抚养，登基后，尊其为"神尼"，神尼逝后，其舍利为"智仙舍利"。杭州的飞来峰名重天下，以至皇家。隋文帝遂将智仙舍利安放地选定在飞来峰，故飞来峰上的塔为"神尼舍利塔"。

到了吴越国时期，钱镠及其后人亦崇尚佛教，在北高峰建了闻喜塔（北高峰塔），在南高峰建了荣国寺塔（南高峰塔），在宝石山建了保俶塔，在南山雷峰上建了雷峰塔。流光易逝，当年的建塔者无心，而后来的观塔者有意，似乎在告诉人们，西湖上的塔，都是以飞来峰神尼舍利塔为起始点，向着南北两山延展，自然而然地形成了北山、南山四塔映湖的秀美景观……

岁月沧桑，曾在飞来峰屹立千余年的神尼舍利塔，在1918年（一说在清代中叶）倒掉了，而唐代卢元辅和萧悦的刻石，依然"活"在飞来峰的石壁上……

净慈寺"慧日峰""南屏"刻石

2007 年春,净慈寺延光法师邀请我参加舍利殿奠基仪式。2007 年 11 月 23 日,舍利殿正式动工。24 日,我来到舍利殿工地现场,只见一块裸露的硕大的山石矗立着,我打量一番后认为这就是"慧日峰"三个字。在旁的一位老者说:"有位大学生曾来看过,他读不出,你怎么读得出来?"我说:"古籍上有记载,净慈寺在慧日峰下,净慈寺的殿宇都是以慧日峰为中轴线而建造的。"

此时,净慈寺的主持是妙高法师,我对妙高法师说:"此慧日峰刻石应在建舍利殿时予以保护。"妙高法师告诉我,在搞舍利殿方案设计时,只有山体而没有慧日峰刻石的;发现刻石后,有关部门也来看过,说是要将此刻石移位。我对妙高法师说:"净慈寺已有千年历史了,净慈寺风水为啥介好,就是因为在慧日峰下,如果一移位,净慈寺的风水一破相,你妙高法师是承担不起的啊!"妙高法师说,那先请民宗局赵一新局长来看一看再说。我当即拨通了赵一新局长的电话,赵局长答应第二日早上 10 点到净慈寺来,我们一起商量商量。

赵局长、妙高法师和我一同来到慧日峰刻石处,这慧日峰与南屏山山体是连在一起的,怎么可以移动呢?赵局长对我说:"现在要保护慧日峰又要建舍利殿,舍利殿审批已花了好多年,现在开始建了又碰到这个问题,怎么办呢?"赵局长建议我给

"慧日峰""南屏"刻石

王国平书记写封信，说明情况，看市里领导的态度怎么样。

当天下午我们就给王国平书记写信，反映净慈寺建舍利殿发现慧日峰刻石的事，王国平书记很重视，作了批示。市统战部和宗教局的领导到净慈寺踏看了慧日峰刻石，妙高法师对我说，领导都来看过了，要两全其美怎么办？得知这个情况后，我与陈明钊先生进行商讨，他认为办法有一个，就是舍利殿建筑从一层加为二层，下面一层为保护慧日峰刻石，上面一层为舍利殿。我将这个想法向妙高法师讲了。妙高法师也赞同这样做。于是乎，今日净慈寺后的舍利殿成两层殿宇，舍利殿镶嵌在南屏山的绿树丛中，远望殿宇金光灿灿，分外夺目。

但有一件事，至今我还是深感遗憾的，就是"南屏"两字的刻石已被夷为平地且消失了。

杭州发现的《大唐中兴颂》摩崖拓本

一个星期天的上午，我骑车路过正在拓宽的凤起路、所巷一带，见一中年汉子在摆地摊卖碑帖。于是我便停下来，随手翻了几张看看，见有的发霉，有的缺损，断头去尾。有一幅折叠成毛巾被般的拓本，因为太大，在街上铺不开，只能稍稍打开一点，中有"大驾南巡"四字。我自言自语地说，很可能是康熙、乾隆南巡。此话一出，那位汉子夸起我来："这位大哥还说得出典头，到底懂的。"我问他此拓本何来。他答道："上代是开银楼、当店的，这些都是老祖宗留下来的。"口气中还埋怨老祖宗不留金银，却留了这些没有用的废纸。现在拆迁，弄得他们子孙成累赘，掼掉可惜，卖几个钞票也好。他说60元可让与我。几经讨价交涉，以20元成交。这时，旁观者中有笑的，有说不值钱的，还不如买香烟好……

我回到家里，在地板上摊开一看，不觉一怔。上有"上元二年（761）撰，大历六年（771）刻"。文中有"浯溪石崖天齐可摩可镌"，还记述了唐玄

《大唐中兴颂》拓片

宗在安史之乱中"幸蜀"及太子即位等史迹。撰文者是唐代文学家元结，字为唐代大书法家颜真卿所书。第一行为"大唐中兴颂序"。整幅摩崖拓本基本完好。我用卷尺一量，其宽3.2米，高3米。尔后，查阅有关史料，得知唐诗人元结曾寓浯溪（在今湖南永州），将所撰《大唐中兴颂》请书法家颜真卿书写，摹刻于江畔数十丈峻峭的石壁上，因文、书、岩都奇，故有"三绝"之称。颜字为历代书法家所推崇，相传宋代诗人、书法家黄庭坚曾几次来浯溪学颜字。至此，方笑自己不懂装懂，学识寡陋也。

在请西泠印社裱画师过目时，他说从来没有见过这么大的整幅的摩崖拓本，赞叹拓碑之人，须在山崖上搭鹰架，耗时一个月，才能将此整幅拓下来。其功夫之深，是难以想象的。后见故宫博物院马子云、施安昌二先生撰写的《碑帖鉴定》一书，中有"中兴颂摩崖"一节，记述凡此摩崖拓本，尤为难得。文中还提到1973年秋在林彪家中查获碑帖一批，其中有中兴颂石崖拓本之上半部。就此，我专门写信向施安昌先生求教。施安昌先生在函复中写道："中兴颂摩崖拓本，整幅，十分珍贵……拓本在南方易霉蚀，如秋日天高气爽之日，不妨挂晒几天，以长久保存。"今春去京，我携上中兴颂摩崖拓本到故宫博物院拜访了施安昌先生，他非常认真地进行鉴赏，看后，他说：此拓本比他想象的好得多，整幅字体清晰，拓工精良，当是清代乾隆、嘉庆年间（1736—1820）的拓本，国内已难得一见，望我务必妥为保存。

棋盘山上有个"莫"字刻石

2004年春，在龙井风篁岭至棋盘山的半山腰处，发现一块巨石，这块被藤蔓缠绕的巨石上，有一个一尺多见方的"莫"字。这个"莫"字为何时何人所刻，引起了我的兴趣。

查阅相关史料，在俞曲园的《春在堂随笔》一书中有所记述，清代同治年间的某年春天，俞曲园与几位友人取道棋盘岭，从天竺寺到龙井寺。在棋盘岭与风篁岭之间，他看到一个小庙，庙内灯笼上题有"安隐堂"三字。安隐堂里的老和尚很好客，泡了一杯龙井新茶给他们喝，攀谈中得知，这位老和尚在山上已隐居多年，自称"削发山农"，俞曲园却认为这位老和尚是有学问的人，在这一方幽境胜地过起了隐居生活。

由此，想到山石上的"莫"字，是否会是这位"削发山农"的老和尚所刻？他在山上独自生活多年，看淡世事，淡泊人生。由此使我想起在众多寺庙中，也常能看到题有"莫贪财""莫为名""莫为利""莫失礼"等提示世人的警言。在这山道旁的"莫"字与古老的龙井寺和尚是否有些关

"莫"字刻石

联呢？这个"莫"字从年代上来看，估计是明清时一位不知名的高僧留下的，也许是一位不知名的大学问家留下的，我在"莫"字前沉思良久，它给人们留下广阔的想象空间……

张大千兄弟水乐洞题刻

近读《西湖摩崖萃珍一百品》，其中有民国时期张大千兄弟镌刻在杭州市烟霞岭水乐洞崖壁的题名——"汉安张虎痴及其弟丽诚文修大千君绶五人来游于此"二十二字。

读罢，遂对题名刻石产生了兴趣，很想知道张氏兄弟怎么会同来杭州，又在水乐洞镌刻题名的。于是查阅了一些史籍资料，不查不知道，一查真的是有故事——张大千在灵隐寺出过家呢！

张大千原名张正权，1899 年 5 月 10 日生于四川内江（古称汉安县）。

1916 年，18 岁时，张大千与比他大的姨表姐谢舜华定了亲。

1917 年，张大千的二哥张善孖（虎痴）在日本，于是张大千东渡日本学绘画并研究染织工艺。1918 年，张大千闻知谢舜华病故的噩耗，立即回国奔丧，由于赴川路途受阻，二哥嘱其返回日本，将学业完成。1919 年，张大千回到上海，与九弟张君绶在上海拜书法家曾熙、李瑞清为师。曾熙给张正权取名张爰、字季爰。

张大千由于时时思念未婚妻谢舜华，内心空虚，看破红尘，于是来到松江。

当时，他的二哥张善孖住在松江，侍奉母亲。张大千就在松江的禅定寺出家，寺里的住持逸琳禅师给他剃度，法号大千。依据佛门的规矩，出家人是要落发受戒的，但大千不想在禅定

寺受戒，他仰慕宁波四明山观宗寺方丈谛闲法师，便写信给他。谛闲法师见大千字里行间透着灵性，应允他到寺里出家。张大千来到观宗寺，谛闲方丈还是要按照佛门规矩让他落发受戒，但大千不愿头上留戒疤，多次向谛闲方丈争取而未果。1920年1月29日（腊月初九）是受戒之日，此时，大千想到杭州灵隐寺去出家，经人介绍，在受戒前一日晚，大千动身前往杭州。行前大千立下出家规矩：不烧戒疤；酒可以不喝，但肉不能不吃。

　　大千到灵隐寺后，方丈承诺：在未受戒前，允许大千在寺里暂住，但每日晨钟暮鼓、诵经的功课，要与众僧人一样严格遵守。

　　大千经过一番周折后，初历了佛门的清规戒律，心里又滋生起绘画的心思，出家之心日渐淡漠……不久，大千的二哥善孖偕同三哥丽诚、四哥文修、九弟君绶，兄弟四人来灵隐寺找到了大千。善孖以手足之情，触大千之心。并告诉他：回家去与一位小他两岁的曾正蓉女子完婚……就这样，张大千辞别灵隐寺，还了俗。

　　张大千走出佛门后一身轻松，无拘无束。张善孖陪同四个弟弟，游西湖、观山景，在楼外楼吃了杭州名菜西湖醋鱼……在水乐洞游玩时，见洞内有僧人，问之，名悟空。于是，布施钱，请僧人供纸笔，张大千用隶书书毕，由僧人代请刻工镌于崖壁。

民国张大千兄弟题名拓片

程十发先生说，张大千出家没有几天，经文没念几句，然而却对"法门广大"有了透彻的领悟。凡事要广大，胸襟、气魄、学问、技艺无不如此。大千一生奉行此道，受益无尽……

同样，张大千在佛门的"大千"法号，伴随了他的一生，恕测：水乐洞崖壁上镌刻的"大千"名号，说不定是第一次用上的呢！

湖
山
处
处

陈庄"石如意"深藏植物园

1995年6月，我到北京拜访赵朴初夫人陈邦织，她说自己于1918年出生在西湖苏堤旁的陈庄，自小是唱着"西湖风景六吊桥，一株杨柳一株桃"长大的。

陈庄，即陈曾寿别墅，坐落于苏堤第一桥外的小南湖旁。陈曾寿，晚清末民国初诗人，光绪间进士，湖北人，清状元陈沆曾孙，官至清廷监察御史。辛亥后居杭州西湖，曾经做过溥仪之妻婉容的老师。

陈邦织女士忆起西湖畔生活的场景：夏日湖中荷花盛开，父辈们以极薄的皮纸包少许龙井茶叶，置于荷花中，每花一包，将花强合上，外以线系之。翌晨取出泡茶，清香之气得未曾有也。

陈邦织女士还告诉我，陈庄有一块玲珑剔透的太湖石，两头翘起。有人说，两头翘起像湖蟹的大钳子，也有人说，两头翘起像只如意。这块太湖石就摆放在其伯父陈曾寿的书斋前。

陈曾寿认为书斋既要有书卷气，也要吉祥如意，于是为书斋取名"如意"，这块石头也叫"石如意"了。但后来人们还是称"石湖蟹"

石如意

的居多。

后来陈邦织随父迁居，离开陈庄时14岁。后曾于1949年回到杭州，来到陈庄旧址。那时陈庄已经没有了，"石如意"也没有见到，她在心里总是惦念着，问我有没有见到过。我思索了一下，回忆起：我还不到10岁时，父母亲带我游玩西湖，在花港公园里看到过"石湖蟹"。记得那天父亲对我说，这块太湖石身子像只湖蟹，两头翘起的石头像大钳子。还告诉我，这是陈庄的遗物。20世纪50年代初，西湖进行了疏浚，花港公园也进行了扩大和修整。60年代初，有一天父亲同我到杭州花圃游玩，不经意间在那里看到了"石湖蟹"。父亲高兴地说："陈庄的这只'石湖蟹'原来'爬'到这个地方来了！"后来的20多年里，我多次到花圃想再去看看"石湖蟹"，却再也见不到了。

陈邦织女士听了我的一番叙述后，告诉我，陈庄的遗物就只有这只"石如意"了。希望我能寻到它。寻到的话，拍个照片寄给她，以解思乡之念。

1995年11月，我到上海去拜访著名的古建筑园林艺术学家陈从周先生。在与陈教授话及西湖上的庄园时，也聊到了陈庄，聊到了"石如意"。他说对这块太湖石是有印象的，这是一块"瘦、皱、漏、透"俱齐的名石。他在杭州读书、教书时，到陈庄去看到过。后来到上海工作，在写《杭州假山纪略》时，曾特意到花港公园去寻，但没有见到，所以没有将"石如意"写进去。

自此后，我在西湖的景点里，特别是在花圃的"角头角脑"里，寻找了它近二十年。心里想，也许今生今世再也见不到"石湖蟹"了。

近日，杭州疫情好转，夫人提议到西湖去玩玩，于是我们到了植物园。以前都是从玉泉进植物园，这天夫人说："植物

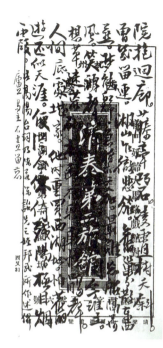

陈邦织父亲陈诒先在《杭州西湖指南》中，书写"石如意"《高阳台词》墨迹。原书已捐西湖博物馆

赠 言

丁云川同志对杭州风景古迹很有研究，对今后发展杭州风景是有贡献的。

陈邦织
1995. 6. 4.

陈邦织的题词

陈邦织和笔者合影

园有多头门，就从南门走进去吧。"

走着，走着，走到桃源岭，我忽然看见这只"石湖蟹"了！怎么"爬"进植物园了？我高兴地对夫人说："我苦寻了多年，这只'石湖蟹'竟然在这里，陈庄的'石如意'会在这里出现！"

看来西湖上的东西是不会丢失的，无非是换个地方而已。

在我讲述这块玲珑剔透的"石如意"来历时，植物园的一位同志走过来，他告诉我，四五年前，桃源岭一带进行过整治，这块太湖石本来是在别处的，但是大家都认为这块太湖石真当好，于是就搬到这里来生根落脚。安放好后，有人说，这地方以前是桃源岭村，是个古村，在石头上刻"桃源岭"三个字吧。也有人说，石头还是保持原状好，不要去动它。由于岁月流逝，世事沧桑，我们对一块石头的前世没有作深究，于是刻上了"桃源岭"三个字。

那位同志听了我对这块石头身世的讲述后，深感惋惜。当年要是知道它的来历，是无论如何也不会在它身上刻字的。

西湖真是步步有历史，处处有文化。就连一块小小的石头，也是有它的前世今生的！

多年的寻找，总算有了结果。要是陈邦织女士、陈从周先生在世的话，我一定会告诉他们：陈庄的"石如意"（石湖蟹）依然生活在西湖的山水间，它会受到杭州人的世代守护！

是圜丘还是石碾？西溪湿地探"宝贝"

一日游西溪，在洪园的"荆溪访古"，我的眼前忽然一亮——这不是北京天坛圜丘的缩小版吗？中间的石圆盘好似天心石。

圜丘是古代皇帝冬至祭天的场所，而天心石是位于圜丘中心的一块圆形石板，站在圜丘坛上层中央的圆心石上说话，会从四面八方传来回音。

西溪湿地曾是农田，为什么会在这里看到圜丘呢？

我先去园区相关展区探寻"湿地农耕文化"，在一块展板看到了这样的介绍："西溪是目前国内第一个也是唯一的集城市次生湿地、农耕湿地、文化湿地于一体的国家湿地公园……此处恢复了江南水乡人家的农家小院，展示了一些农户加工制作农产品的用具，如石臼、石磨、碾子，这些原汁原味的生产工具和习俗，展示了湿地乡村的传统生活方式和风情。"

在这行文字说明下，有一张照片。我将展板图上圜丘的照片与所见实物作了比照，发现有一处不同——说明图的中间是个柱芯，没有石圆盘；而眼前所见圜丘中央有硕大的圆盘。当晚，我将拍下的石圆盘照片整理好，分别向几位先生请教，询问古代民间有没有圜丘。有的告知，民间是没有圜丘的；有的告知，古代陕西曾出现过圜丘，现今没有了。还有一位先生详细介绍了天坛圜丘，建筑构造为三层，九圈石板皆以九的倍数递增。

了解了这些情况后，我再次来到"荆溪访古"。先数了一下，

"圜丘"为平地五圈，每圈石板都不是"九"的倍数。而与圜丘大相径庭的是——第三圈与第四圈之间有道直径为4.5米左右的石槽。这石槽有何功能？我道不出缘由。再量了量中央的石圆盘，直径为1.7米，厚约20厘米，相当重。

有了这些数据，我向西湖风景名胜区管委会文物处的施红燕同志请教。她告诉我，这好像不是圜丘，她曾在安徽农村见到过，是农民破碎农作物外壳的一种农用工具，叫碾子。

我又向浙江大学的方龙龙教授请教，他看了照片讲，早年在塘栖农村看到过，体量比这个石碾要小，用来脱芝麻等农作物外壳的，现今早就没有了。谈话中，他还提出了一个问题——这农用工具有多少岁了？

我又向浙江省文物考古所的郑嘉励先生请教，他是位有名的考古学家。郑先生很快做了回复：这是古代农民用来碾碎农作物或给其去皮的石碾，并发来一张石碾的照片。

郑嘉励先生告诉我，石碾由碾子盘、碾子槽、碾芯与碾子架等组成。碾子盘一般直径约为1.5米至1.7米，重500至600斤，碾子槽直径一般可达4.5米。据此判断，这座石碾应是清代至民国年间的物件。

郑嘉励先生还告诉我，浙江省宁海县长街镇西岙村、许家山村等村落，还保留着10座明、清至民国时期的石碾。2017年，浙江省人民政府公布宁海石碾群为第七批省级文物保护单位。

"世事洞明皆学问。"西溪湿地还保留着这么大的石碾，这是我国农耕社会的宝贝呀！想起这番寻访，真是："人到耄耋学不够，误将石碾作圜丘。未及农桑应觉浅，西溪补吾识古旧！"

500 多岁的仆夫泉，不在泉边在湖边

前几日，樱花正盛。一向寂静的玛瑙寺，因一棵盛放的樱花树，而被网友刷屏。玛瑙寺原名玛瑙宝胜院，由五代吴越王于后晋开运三年（946）在孤山玛瑙坡创建。南宋时，玛瑙宝胜院由孤山迁到葛岭南麓，也就是今天玛瑙寺所在地。

我们今天文中要讲的仆夫泉，依照其首次被《西湖志》所记录的时间，被发现时，就在孤山玛瑙坡。

相传北宋时，宝胜院的智圆禅师与林和靖为友。常来常往，以诗自娱。宝胜院内多竹，一日，智圆禅师命仆人修剪竹林，不经意间发现此处有个泉眼，泉水汩汩流动。因此泉为仆人所发现，智圆禅师就叫它为"仆夫泉"。几百年过去了，泉眼被湮没了。

明代文学家冯梦祯（1546—1605），秀水（今浙江嘉兴）人，万历进士，累官至南京国子祭酒。晚年移家杭州，结庐孤山，堂屋落成之日，正是雪后放晴，于是取王羲之《快雪时晴帖》，名为"快雪堂"。

入住快雪堂后，冯梦祯命两名童子，将建堂时所堆积的瓦砾等清理干净，在清理过程中发现了一口泉眼，泉水汩汩而出。经冯梦祯考证，这就是智圆禅师命名的"仆夫泉"。于是，他兴致勃勃地对泉眼周边进行了修整，还写了篇《孤山仆夫泉记》："余得孤山于故人汪生，因指示丛筱中小低洼处，微水如沫，

而不易涸，曰此一泉也。真实居士因手自搜涤，命两童子运去瓦砾几数石许。下至石底，中深如釜，而西界以石板，东为邻墙所压，南则土阜临其上，浮沙朽叶，时

"仆夫泉"题刻

复易零，尚拟一整剔之。水寒冽，以烹粲煮鲜，远在湖水上，而不堪入茗。"

从此文中得知，仆夫泉的水用来烹制菜肴，远比湖水要鲜，而以此泉水泡茶，滋味不佳。

冯梦祯在泉旁矗立了一块太湖石，并镌刻"仆夫泉"三字。

康熙、乾隆两帝南巡时，孤山曾被辟为行宫，行宫内有八景。但在乾隆题咏西湖和《行宫八景》的诗中，没有一首写到仆夫泉。到了清代咸丰年间，杭州遭遇一场兵燹，孤山行宫遭劫，文澜阁《四库全书》也大多散佚。

1999年，我在浙江西子宾馆（汪庄）开会，会议间歇，漫步到近湖草坪上，偶然看到了一块卧倒在地的太湖石，上有"仆夫泉"三字。我顿时想起冯梦祯的《孤山仆夫泉记》。

汪庄是皖商汪自新别业，建于民国十六年（1927），占地24万平方米。此地突出湖面，三面临湖。庄内亭阁高耸，楼台飞檐，假山重叠，石笋林立，为西湖一胜地。我判断，汪庄内的假山很有可能是从塌败的孤山行宫移来的，不然，"仆夫泉"又怎么会在汪庄"落户"呢？

　　此后，西子宾馆进行了几次综合整治，我也曾数次来到西子宾馆，想再看一眼"仆夫泉"石，但遗憾的是未能见到，心里十分惋惜。

　　为写《石头记》，我再次想起"仆夫泉"石。心下想着，不如去西子宾馆住一晚，静心找寻。从一幢幢楼的周边，到一个又一个草坪，再到湖边、池边，每一块太湖石，我都细细看了个遍。功夫不负有心人。直到傍晚，终于在一个草坪的边角处，找到了"躲"在那里的"仆夫泉"石！"仆夫泉"石依然在！

　　这块石头已历经 400 多年的风雨了，希望能让它重新站立起来，不要让它"寄人篱下"，被搬来移去地卧倒在地。

　　事情凑巧，正这样想着，在汪庄工作的徐勇同志走了过来。他问我："你在看这块石头？"我说是的，并将这"仆夫泉"石的由来向他介绍了一番。徐勇问我："你怎么知道这块石头的？"我说，我已关注 20 多年了。我曾在宾馆的草坪上见到过，后来，这块石头被移走了，一直没有再见到过。他追问这石头原来在哪个位置，我指给他看。徐勇俯下身子，低头看"仆夫泉"石的刻字，他兴奋地说："这是'藏'在宾馆里的、西湖的历史文化遗存啊！"我也很高兴，"仆夫泉"刻石一定能被保护起来了。

三元坊石额不在坊上，在亭下

明代第一学霸商辂，曾连中三元。在 1300 多年的科举制度中，这样的人才并不多见。

明永乐十二年（1414），商辂生于淳安，其父商瑭任严州府吏，执掌文书公事。六岁起，商辂得母亲授课，自小勤奋好学，熟读经史。明宣德七年（1432），商辂十九岁，他第一次参加乡试，未中。尔后，他到杭州府学读书。明宣德十年（1435），商辂二十二岁，再次参加乡试，中举人第一名，为"解元"。翌年，明正统元年（1436），商辂到京城参加会试，落第。明正统六年（1441），商辂再次参加会试，再次落第。明正统十年（1445），商辂三十二岁，又经寒窗苦读，第三次参加京城春闱，获第一名，为"会元"。接着，在同年三月十三日举行的殿试中，商辂以一篇切中时政的策对，受到英宗的青睐，亲擢一甲第一名。从二十二岁获"解元"到三十二岁获"会元""状元"，商辂是明朝历史唯一获"三元及第"的人才。

商辂一生，历经英宗、代宗、宪宗三朝，民间称他为"三朝宰相"。致仕后，他回到淳安故里，于明成化二十二年（1486）辞世，时年七十三岁。宪宗下旨在商辂家乡淳安、府治严州和省城杭州参加乡试时住过的凌椒巷口立三元坊。

严州府的三元坊大部毁于抗战期间，于 2019 年春复建。

1929 年，因所处地段道路拓建，杭州的三元坊被拆除。当

时住在元福巷 84 号的吴乃明先生，看到"三元坊"石额即将被毁损，心痛不已，于是出钱将三元坊石额买回家，铺在天井里。

1966 年春，78 岁的吴乃明老先生临终前，特意关照儿孙，要把三元坊石额保管下去。一晃四十年过去了，2006 年 6 月，上城区元福巷一带要进行改造。吴乃明的亲戚沈邦宏，是我的学弟，他忧心忡忡地找到我，与我商议三元坊石额该怎样保护下去。于是，我与上城区文保科的方家淦同志取得联系，方家淦和历史街区管委会拆迁办的许同志、杭州碑林文保所的陈进所长一起到实地看三元坊石额，并当场测量。三元坊石额长450 厘米，宽 65 厘米，厚 10 厘米，石质为严州青。"三元坊"三字刻的是镂空连筋字体。陈进说，这样长的整块坊额是难得一见的。陈进还带来了宣纸，将"三元坊"三字制成拓片。方同志看到这块有五百多年历史的三元坊石额，感慨地说："杭州真是座古城，散落在民间的宝贝真不少！"

2006 年国庆节后，元福巷 84 号拆建工程动工。10 月 10 日我路过时，看了看三元坊石额，还完好无损。两天后，我又路过此处，看见断砖瓦砾将大门封堵了，顿时担心起来。一位邻居告诉我：三元坊石额断了！我心里一怔！即刻与方家淦联系，方同志说他已调动工作了，但对三元坊石额他是有感情的，当听到"断了"两字，他立即约拆迁办的同志到现场去。三元

"三元坊"题刻

"三元坊"石额在亭下

坊石额真的断成两截，但幸好不是断在字上。但这毕竟是一块承载着杭州历史文化积淀的石额，我心痛不已，责怪自己为啥不早一天去看，这样也许就能避免石额受损了。

方家淦同志当即要求拆迁办和拆房队的民工立马将三元坊石额保护起来。等当这里建成后，三元坊石额仍旧回归原处。

前些年，杭州历史学会副会长仲向平先生，发了一张三元坊石额的照片给我，并告知石额如今嵌在元福里一座亭子的下面。我来到元福里，见到了这座亭子，亭子周围植以花木，三元坊石额的断裂处已作了修补。石额虽然嵌落在亭子底下，但也是默无声息的一种存在。

面对此情此景，不免令人感慨："昔日才学动九宸，三元及第唯一人。誉满乡梓立坊石，五百年后落地生。"

慕才亭的楹联往事

西泠桥畔，苏小小墓上覆着六角攒尖顶亭，这里就是慕才亭。慕才亭是西湖上的名亭，亭内六根石柱上，镌有十二副楹联，都与苏小小的故事有关。慕才亭始建于何时？为何人所建？那几副楹联又出自何处？都引发了我的兴趣。为此，我做了一些粗浅的考查。

乾隆四十九年（1784），乾隆第六次南巡，至西泠桥，他写了"堤傍三尺堆黄土，闻道其人亦姓苏"，说明此时西泠桥畔，已有苏小小土坟一座。

道光二十二年（1842），特依顺（字鉴堂）出任杭州将军。史料记载，"特依顺，文武兼备。"他到杭州后几个月，曾任广西、江苏巡抚的闽籍官员梁章钜也来到杭州。两人"乡谊甚笃"，同游西湖山水。当他们来到西泠桥时，看到一座破败不堪的坟墓，碑刻"钱塘苏小小之墓"，梁章钜惋惜地对将军说，苏小小是才女，他很仰慕苏小小。将军听后说会把苏小小墓修好的。同时，

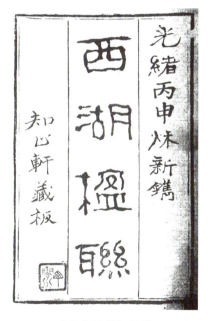

《西湖楹联》书影

205

他还请梁章钜在旗营附近的三桥址建一新居，这样可在杭州安享晚年。

鉴堂将军说到做到，他将乾隆年间修的坟墓改为墓顶覆土的圆形墓，墓前仍立"钱塘苏小小之墓"的石碑。

道光二十六年（1846），特依顺调离杭州。咸丰八年（1858），近代著名思想家王韬游西湖后，在他的《漫游随录·西泠放棹》一文中写道："苏小小墓在孤山麓，绕孤山行数百步即是。近为特鉴堂将军所修治，建亭其上，题曰：'慕才'。"

由此可知，鉴堂将军不只修好苏小小墓，还建了慕才亭。

据清光绪丙申（1896）知正轩版的《西湖楹联》，"慕才亭"由"桐城铁冶居士题"，铁冶居士姓杨，是位古物鉴赏家，很可能与鉴堂将军相识。

慕才亭建好后，清末至民国时期，不少文人墨客慕名而来，凭吊芳冢，题刻楹联。

绍兴人孔惠，是孔子的后裔，任嘉兴祭酒、主簿等职，曾游西湖，瞻谒苏小小墓。他集李商隐诗中"花须柳眼各无赖"和杜甫诗中的"落絮游丝亦有情"两句，改"各"为"浑"，合成一副楹联："花须柳眼浑无赖，落絮游丝亦有请。"孔惠去世几十年后的光绪年间，他的后人在遗文里发现有这副楹联，于是数次来到杭州，希望能将这联镌于慕才亭上。当年要在"慕才亭"上镌联，是要征得地方上许可的。几番辗转，终达其愿。

浙江平湖人王成瑞（1828—1899），咸丰十年（1860）贡生，喜爱游山玩水。光绪十一年（1885）十一月，他在西湖凭吊苏小小墓，题下"灯火珠帘，尽有佳人居北里；笙歌画舫，独教芳冢占西泠"的楹联，并镌刻于亭柱上。

江苏常熟人徐兰修（1869—1939），是位画家、篆刻家。

光绪二十一年（1895），他集李白的诗句"桃花流水杳然去"和晏殊的"油壁香车不再逢"作成一联，镌刻亭柱上。凡游客读之，皆言十分贴切。西泠印社初创时，吴昌硕先生邀他入社。

满人叶赫际亨，光绪年间任湖南湘潭知县，他游西湖瞻谒苏小小墓后，在"慕才亭"题："金粉六朝，香车何处；才华一代，青冢犹存。"

《西湖楹联》一书"慕才亭"篇，还收录了"湖山此地曾埋玉，花月其人可铸金""千载芳名留古迹；六朝韵事著西泠"，加上上述的四副楹联，便是慕才亭上镌有的六副楹联。

1925年，有位文人题了一副"亭前瞻柳色，风情已矣；湖山寄萍踪，雪印依然"的楹联，并镌于亭柱上。

1929年，首届西湖博览会开幕前夕，时任浙江省政府主席张静江、杭州市市长陈屺怀在整治西湖时，将苏小小墓覆以水泥圆顶，慕才亭亦修葺一新。嗣后，不断有"慕才"者在慕才亭柱上题刻。

甘肃人黄文中，1931年来到杭州，寓居西湖俞楼，他在饱览湖山秀色的同时，为西泠印社、灵隐寺、平湖秋月、三潭印月、湖心亭等十几处景点创作了17副楹联、匾额，也为修葺一新的慕才亭题刻了"且看青冢留千古；漫道红颜本暂时"的楹联。

有位自号"麓山樵客"的先生，题了一副"烟雨锁西泠，剩孤冢残碑，浙水咽余千古憾；琴樽依白社，看明湖翠屿，樱花犹似六朝春"的楹联。经查考，这位"麓山樵客"很可能是大名鼎鼎的林语堂（1895—1976）先生，他的生平中有1946年游西湖瞻谒苏小小墓、于慕才亭题联的记述……

1948年，"慕才亭"六根石柱上的二十四面，已经镌刻了十二副楹联。

20 世纪 50 年代，父母亲常携年幼的我到西湖边，在慕才亭品楹联，赏书法。20 世纪 80 年代，有关部门在苏小小墓原址上，复建了慕才亭，匾额为姜东舒先生所书，将"花月其人可铸金"改为"风月其人可铸金"。

2004 年 6 月，市有关部门决定重修苏小小墓和慕才亭。8 月 4 日，市园文局北山街历史文化街区保护工程建设指挥部办公室（下文称"北保办"）的江志清先生与我联系，希望我能提供苏小小墓的老照片，以及慕才亭上十二副楹联及其位置的排列。我当即表示，当尽力而为。我年近九十的老父亲丁肃君也为此作了回忆梳理。

后来，北保办又收到梅苑宾馆包起良先生寄来的几副"慕才亭"楹联，这些是他在 1964 年 11 月抄录的，包括"花光月影宜相照；玉骨冰肌未始寒""十载青衫频吊古；一抔黄土永埋香""几辈英雄，拜倒石榴裙下；六朝金粉，犹埋抔土垄中"，终于找齐了十二副楹联。

之后，市园文局召开了慕才亭楹联的专家论证会，会上决定：文句，一字不改；旧联，一副不少。但对"几辈英雄，拜倒石榴裙下；六朝金粉，犹埋抔土垄中"这副楹联的位置排列，还要作进一步考证……

世上的事，有时会"天助人愿"的。2004 年 9 月 14 日，刚刚参加过苏小小、武松"两墓"的封顶仪式后，我在逛吴山收藏品市场时，看到一张拍摄于 20 世纪 30 年代初的苏小小墓

作者参加苏小小墓、武松墓封顶仪式

老照片，"几辈英雄，拜倒石榴裙下"这一行楹联，在相片中清晰，让人欣喜不已。

9月23日，市园文局和北保办的相关领导及楹联专家王翼奇、吴亚卿与我一起来到慕才亭，对十二

作者在校对慕才亭楹联

副楹联的文字和位置排列，再次作了校核。王翼奇先生讲，旧时的十二副楹联排列是有先后的，这次是"白纸"上重绘，尽可能符合楹联排列的规范要求，这亦易于游客品赏。这样，十二副楹联原汁原味地重镌于慕才亭内。

落笔如昨，心有所抒，我不禁写下："六朝早已逝，韵事著西泠。湖山留胜迹，聚在慕才亭。"

慕侠亭上镌刻的楹联

　　西湖的历史文化真的是相当深厚，西泠桥畔有苏小小慕才亭，而杨公堤、丁家山有盖叫天慕侠亭。这"一文一武"之亭，为湖山增秀色！

　　至于这慕侠亭是怎么来的，真是说来话长。

　　1991 年 9 月，我在天工艺苑、杭州王星记扇厂任办公室主任，为迎国庆，举办了一个名扇展览。一天上午，盖叫天先生的儿子张二鹏来参观展览，希望有人陪同，于是我与张二鹏先生见了面。这时，他手里拿了一柄他父亲在新中国成立初期从舒莲记买来的白纸扇，扇面上有著名画家关良先生的人物画。他说，当时一共买了 100 把白纸扇，他手上的是其中之一。他问我这算不算名扇。我说关良先生是有名的大画家，当然是名扇。参观时，我俩不但合了影，彼此还留下了联系方式。

　　2004 年，"西湖西进"工程完成后，盖叫天故居——"燕南寄庐"重新开放，张二鹏先生邀我到他的住所去坐坐聊聊。岂知这一坐一聊，聊出了不少有关他父亲的往事。

笔者与关良先生合影

　　1904 年春，17 岁的盖叫天在杭州的天仙戏馆演出时，不慎跌断了左臂，接着

慕侠亭楹联

又生了一场大病，身体尚未恢复，就随着大哥去灵隐，走到洪春桥附近有座"学到老"的牌坊下休息时，遇到一位 50 岁左右的草药郎中，他问盖叫天："你是做啥事情的？"盖叫天告诉郎中，是唱武戏的。郎中说："你的病是会好的，手臂也能接好，但往后能不能吃'武戏'的饭，就看你有没有决心。"盖叫天对郎中说："只要能演戏，决心是有的。"郎中指着"学到老"的牌坊说："只要肯吃苦，活到老，学到老，有什么事不能做好呢！"盖叫天听了郎中的一番话，大彻大悟，对郎中说，他要活到老，学到老！后来，就不间断地在牌坊下练起功来。

1934 年，盖叫天在上海天蟾舞台演出《狮子楼》，从三张八仙桌高的地方翻下来，不慎跌断了左腿，断骨戳出皮外。经

过治疗，腿骨接上了，但只能走路。医生惋惜地说："你左腿骨折厉害，接好能走路就算了，若再要登台，只有再折断，重新接过。"盖叫天人还在病床上，当场决定把已接上的断骨砸断重接，这要有多大的决心和忍耐力！

左腿断骨接好痊愈后，盖叫天再次在上海天蟾舞台演出。好友著名画家吴湖帆先生用两匹布以瘦金体写了一副"英名盖代三叉（岔）口；杰作惊天十字坡"的对联，演出时挂在舞台两边，此事成为沪上一段佳话。后来，盖叫天再请求吴湖帆先生重书此联。吴湖帆沉思后说：须改一字，将"代"改为"世"，成"英名盖世三叉（岔）口；杰作惊天十字坡"。张二鹏先生说，他父亲姓张名英杰。这联中将"盖""英""杰"及其舞台力作"十字坡""三岔口"，都涵盖进去了。后来，吴湖帆又根据盖叫天毕生心血塑造的武松形象，题写了一副"一代孟优，允文允武；千秋绝艺，如柏如松"的楹联，此联1985年时请唐云先生书写后，镌刻在亭子上。

张二鹏先生回首往事，还给我讲了"学到老"匾额的事。"学到老"是他父亲一生中警示自己的座右铭。20世纪50年代初，他父亲给齐白石先生写信，请他题"学到老"三字，同时也请黄宾虹先生题写。齐白石得信后，素知盖叫天是个铁骨铮铮之人，于是就以甲骨文体书就。黄宾虹先生也为他书了"学到老"三字。"慕侠亭"是盖叫天亲自取的名字，亭名是他请德高望重的马一浮先生书写的。

由于岁月的流逝，齐白石写的"学到老"和马一浮先生写的"慕侠亭"都佚失了。张二鹏先生说，幸好家里还保留着黄宾虹先生题写的"学到老"墨宝，后来用到亭子上。同时，请杭州书画家唐云先生题写了"慕侠亭"。

盖叫天夫妇与家人合影　　　　　盖叫天 1965 年与北京市曲艺团演
　　　　　　　　　　　　　　　员在"学到老"合影

　　张二鹏先生真的是健谈且记性好，那天还讲到了周总理陪同外宾来杭时，登门拜访盖叫天；有位苏联友人还专门来到盖叫天墓地，对石雕牌坊、慕侠亭等建筑赞不绝口，并拍下了照片，带回国去；陈毅元帅在拜访盖叫天之后，还信笔题下"燕北真好汉；江南活武松"的对联，盖叫天裱糊后挂在居室中。

　　而后，他又给我讲起了陈年往事：慕侠亭那里原有精美的石刻建筑，是他父亲在 20 世纪 50 年代初，从留下杨家牌楼购置后移过来的……说时，他还拿出已保存多年的他父母亲生前与家人在慕侠亭拍摄的照片，给我留作纪念……

　　燕南寄庐得以恢复，他们都高兴不已，家人商量后，将原有的陈设，全都作了捐赠……

丁仁"救"下的古桥石额

1917年，杭州的路上跑起了第一辆汽车。为发展城市交通，浙江省决定，杭州主城区和西湖景区以内的古石桥，都要被改建或者重建成可适应汽车通行的桥。于是，断桥、锦带桥、庆春桥等被陆续拆除。

锦带桥被拆除前，凡游西湖者，都会经行此处，站在桥上，近览平湖秋月，远眺孤山亭台，晨观水天相连，暮见塔影摇曳……

乾隆年间，杭州的翟灏、翟瀚兄弟曾合著了一本《湖山便览》，这本杭州导游手册就曾记录锦带桥："旧有涵碧桥，在断桥西。宋转运使陈尧佐重建……久圮。"又据任轩主撰的《杭州桥》载，明万历十七年（1589），苏杭织造太监孙隆重修白堤时，在涵碧桥旧址上架木为梁，易名锦带桥。康熙年间，（桥）复甃以石。雍正八年（1730）总督李卫重修过一次，民国三年（1914）锦带桥再次重修。

吴昌硕先生与"锦带桥"桥额合影

锦带桥在拆除时，孤山上的西泠印社正处于初创时期。丁仁是西泠印社的创始人之一，他过白堤时，看到刻有"锦带桥"的石额被遗弃一旁。出于对古物的怜惜之情，丁仁将它移至西泠印社内。

施奠东先生主编的《西湖志》曾记录了这段往事："锦带桥，丁仁得白堤锦带桥旧石栏，移架于闲泉、文泉之间，故名。"就此，清代的锦带桥留在了西泠印社，成为西湖上最短小的桥，桥长不足一米，曲径通幽。《西泠印社志稿》一书中，将"锦带桥"石额列为西泠印社的胜迹留痕，首任社长吴昌硕先生也曾与"锦带桥"合影留念。

丁仁不仅留下了"锦带桥"，杭州城里的"古庆春桥"石额，也是丁仁"救"出来的。

当时，丁仁住在田家园（今浙一医院），当他得知庆春桥也将被拆除，常往拆桥处踏看。

庆春桥，宋时曾被称菜市桥，位于太平门内。相传，元末朱元璋部将常遇春从太平门攻入杭州，为庆祝胜利，常遇春将太平门改为庆春门，菜市桥被改为庆春桥。

咸丰十年（1860），杭城遭兵燹，城内一些建筑也遭毁。兵燹后，杭绅丁丙受政府委任，自同治五年（1866）主持修建堤塘闸坝和古迹桥梁，同治八年（1869），庆春桥得以重修，桥梁两侧分别刻着"古庆春桥""同治己巳"和"官绅重修"。

丁仁挂念着庆春桥，不仅因为当时重修庆春桥的丁丙是其祖上至亲，也是出于他对文物的热爱和保护。一日，丁仁又到拆桥处仔细踏看，一眼认出石额的题字，正是古庆春桥，遂将其搬回田家园。

1937 年 7 月，"七七事变"爆发，12 月，杭州沦陷。丁

家四处避难，田家园老宅成
空房，遂被侵杭日军占用，
冬天用火取暖，致使部分房
屋被烧毁。时日已久，两块
古桥石额也被埋入土中。直
至 2001 年，田家园划归为
浙一医院扩建用地。2002
年，医院新建一幢大楼，在

"古庆春桥"桥额

挖地基时，出土了两块刻有"古庆春桥"的石额，医院立即对
这两块桥额作了保护，饰以花草树木，建了水景庭园。

2009 年，浙一医院为进一步挖掘历史文化，邀我与市文物
考古研究所的唐俊杰先生一起，去看看在院内发现的历史遗存，
如古井、旧居、桥额等。在实地察看时，我们聊起"古庆春桥"
石额的由来，院内的四眼井是南宋御辇院的遗存，旧居是丁仁
住过的小八千卷楼……这时，唐俊杰先生在草丛的泥地上拾起
一块断砖，十分惊喜，他说："这是一块南宋的砖！"

"千年桥栏杆，不当古董卖"，"锦带桥"和"古庆春桥"
是杭州历史的证物，也是对抢救流失文物、保护历史古迹的无
声勉励。谨以此文纪念先生。

附记：

因我对"古庆春桥"等的考证，浙一医院领导客气地聘我
为历史顾问。

由一块"南高峰舍利塔砖"想到的

50多年前，我到西湖南山满觉陇游玩，在一户村民厅堂的角落，看到一块厚厚的青砖。抹去这青砖上的灰尘，看到砖面上镌刻着"南高峰舍利塔砖"。我想，这有可能是南高峰塔的遗物，便与村民商量，想出钱买回。村民很直率，他说这是他父亲1949年前到南高峰去，看到地上一块有字的砖头，就拿了回来，你喜欢就拿去吧，反正我们也没有用。

我把这块塔砖背回来，便开始查阅一些史料。据记载，南高峰塔，在南高峰顶，久圮。相传始建于后晋天福年间（936—944），内藏高僧舍利。宋至道二年（996）、崇宁二年（1103），乡人朱泉、僧修懿，先后重修。乾道五年（1169），僧义圆再建……元末塔毁损，存五级。明万历四十年（1612）六月，遭雷击再次受损，仅存塔址及塔刹。

看了南高峰塔的历史沿革，我便想得知手里这块塔砖是何时捐的，又是在怎样的情况下捐的。史料难求，考证的事耽搁了下来，但一想到这是南高峰塔的文物，2004年，我将其捐献给了西湖博物馆。

2022年3月5日，这天正是惊蛰。我从媒体报道中得知，当日，西湖翁家山村民举行"喊山茶祭"仪式。"喊山茶祭"是福建省龙岩市上杭翁氏的传统习俗，翁家山有一些村民是从上杭县迁徙过来的。

获知翁家村和上杭的联系，我便从《中国家谱总目》查起。据《翁家山家谱》载，翁氏开山之祖名奎，字福远，行福一（翁家后人尊称为福一公）。他率子仁、义、礼、智从上杭迁徙至浙江余姚，后因水灾，于弘治三年（1490）率子迁徙到南高峰西南，在西湖周边的山上安家。

南高峰舍利塔砖拓本

翁氏家族以种茶为业、砍柴为生，在山上生活了下来。后来，又办起了启蒙学堂……生活越来越好。

万历二十三年（1595），翁氏族人翁汝考中进士，官至山东参议、镇江知府；万历二十六年（1598），其弟金榜题名，被授广东东莞县令。翁氏兄弟的求学故事传为佳话。万历二十八年（1600），翁氏在石屋洞前造铜塔一座，以示"出人头地"。

《西湖新志》载："凡自风篁岭至九溪者，取道于此，居户高下栉比，亦山中一村集也。"我想这里写到的可能是翁氏家族生活的翁家山。

万历四十年（1612），南高峰塔突遭雷击，仅存塔址及塔刹。守塔的僧人，一心想重建南高峰塔。于是，他们到处募捐。

2017年6月，我接到市园文局倪振恒同志的电话，他告诉我，杭州市文物考古研究所在发掘南高峰塔遗址时，发现了一些塔砖。该所副研究员孙媛写了一篇南高峰塔砖的文章，将塔

砖分成姓名类和地望类。姓名类中，又分僧众喜舍（意为广结善缘）类与信众喜舍类。

僧众喜舍类，有两位捐砖僧人，名叫传慧和联宗。他俩捐的这块砖，长 32 厘米，宽 17 厘米，厚 10 厘米。经该所考证，传慧与联宗都是明末清初的僧人。信众喜舍类中，有"范门施氏经募""胡门章氏""……向门翁氏……""林门钱氏喜助塔……"等。

在地望类中，有塔砖上刻有"……衢州罗王氏□名□莲……""龙邑叶欣向喜助杭州西湖南高峰……"等。据考证，叶欣向为龙游县人，生活在清代光绪年间。由此可见，守塔的僧人为重建南高峰塔募塔砖，一直募至浙南；从明代一直募到清末。他们不计路途之远，也不计时间之久，足见僧人们为重建南高峰塔的决心之坚。

据中国古代建筑史学专家张驭寰研究，宋代塔砖较明代相比厚度略薄，宋代塔砖一般厚 6.5 厘米，到了明代，塔砖厚度多为 9 厘米。

我捐出的"南高峰舍利塔砖"出自宋代还是明代？我特意到西湖博物馆去量了一下——长 32 厘米，宽 17 厘米，厚 9.5 厘米，大致可以认定这是块明代的塔砖，这与翁氏家族自明代迁徙到西湖翁家山的时间是吻合的。

通过对这块"南高峰舍利塔砖"的一番查考，我也初步了解了翁氏家族的过往。翁氏家族在翁家山已生活了 500 多年，他们吃苦耐劳，乐意做公益事业，也重视文化教育。

据《浙江通志·考选》载，清光绪十七年（1891），翁氏族人翁有成，在浙江乡试时考中第十一名举人。光绪二十年（1894），又进士及第，授江苏常熟县令，著有《南峰诗集》。

1934 年，人民教育家陶行知先生，为推广乡村小先生制教育，选点翁家山不是没有缘由的。现今，翁家山村民将 1000 年前福建上杭的"喊山茶祭"仪式，"喊"到翁家山来，在春天里，为杭州西湖茶区增添了古老而清新的民俗气息。

一百八十年前的"寿苏会"刻石

2023 年 1 月 10 日，农历壬寅年十二月十九日，是苏东坡 986 年诞辰。这天，杭州苏东坡纪念馆举办了"西湖寿苏会"。这充分体现了杭州老百姓对苏轼的喜爱，这是对他为杭州这座城市所作出过的贡献的怀恩未忘。

此事让我想起了前些年收藏的一幅清代"寿苏会"刻石拓本，呈现的是苏东坡 806 年诞辰时，仰慕苏东坡的清代官员在高邮文游台举办寿苏会的场景。

据宋人所撰《三苏年谱》载，苏东坡于元丰七年（1084）到高邮，与高邮文人学士孙觉、秦观、王巩来到东岳庙，他们一起饮酒论文，叙游一番……后人为纪念苏、孙、秦、王四位文人学士在此游过，遂将东岳庙更名为文游台。

清道光壬寅年（1842）十二月十九日（1843 年 1 月 19 日），扬河通判张用熙、高邮知州左辉春、高邮学正蒋锡琳、宿州训导宋茂初、户部主事王敬之、岁贡生周叙、翰林院庶吉士高鸿飞、岁贡生夏崑林、光禄寺典簿贾和钧、候选训导周兆椿、文学生吴庆鸿、布衣何泳等十二人。从今天来看，参加寿苏会的人，都是苏东坡的"铁杆粉丝"，他们参会时都携上苏东坡生前所爱的东西，有的是苏东坡生前自创的食品。

如扬河通判张用熙是捧着真一酒来的。真一酒是苏东坡居岭南惠州时，用米、麦、水三者合一而酿成的酒。苏还自得其乐地说："真一色味，颇类予在黄州日所酿蜜酒也。"

翰林院庶吉士高鸿飞献上的是二红饭。二红饭由苏东坡所创。元丰四年（1081），黄州故友马正卿帮他在黄州请得旧营地数十亩，苏东坡开垦种植。次年收大麦二十余石，可惜大麦卖不上价，只得自己吃。苏东坡将大麦脱壳煮饭，口嚼之，喷喷有声。小儿调侃，这是"嚼虱子"。于是苏东坡再设法掺杂小豆做饭，其妻笑曰："此新样二红饭也。"

我在写二红饭时，夫人朱福英看到了，笑着对我说："这个你就不懂了。"她是梅家坞农村出来的，儿时她父亲种过大麦，大麦饭略呈红色，嚼起来有低微的噼啪声。苏东坡当年掺的小豆，很可能是赤小豆，赤小豆煮起来是红色的。因大麦饭略呈红色，赤豆本是红色，二红饭就是这样来的。

贾和钧献上的是花猪肉，花猪肉即是五花肉，杭州有道名菜东坡肉，就是用五花肉烧制的。苏东坡自己也写过《猪肉颂》，其中有云："净洗铛，少着水，柴头罨烟焰不起。待他自熟莫催他，火候足时他自美。"

周叙献上的是鲈鱼，并吟苏东坡在惠州时作的《二月十九日携白酒鲈鱼过詹使君食槐叶冷淘》诗："枇杷已熟粲金珠，桑落初尝滟玉蛆。暂借垂莲十分盏，一浇空腹五车书。青浮卵碗槐芽饼，红点冰盘藿叶鱼。醉饱高眠真事业，此生有味在三余。"

王敬之献上的是阳羡茶，阳羡是现在的宜兴，阳羡茶在宋代也是名茶。当年苏东坡进士及第，朝廷在款待同科进士的宴会上，挨着苏东坡的是宜兴人蒋之奇（字颖叔），蒋夸赞家乡是富庶之地。苏听后，即赋诗："月明惊鹊未安枝，一棹飘然影自随。江上秋风无限浪，枕中春梦不多时。琼林花草闻前语，

罨画溪山指后期。岂敢便为鸡黍约，玉堂金殿要论思。"自此，苏东坡便有了在阳羡买田归隐之意。王敬之献上阳羡茶，也是费了一番心思，才想到苏东坡是爱喝阳羡茶的。

宋茂初献上自绘的"梅花封"，他在封面画了梅花图，内笺上书苏东坡在惠州所作的《西江月·梅花》，这是一首咏怀王朝云的立意脱俗、高风亮节的咏梅词："玉骨那愁瘴雾，冰姿自有仙风。海仙时遣探芳丛，倒挂绿毛么凤。　素面常嫌粉涴，洗妆不褪唇红。高情已逐晓云空，不与梨花同梦。"他还声情并茂地吟咏给大家听。

还有周兆椿击鼓、吴庆鸿吹洞箫、何泳吹铁笛，使寿苏会自始至终充满了欢乐的气氛。

这次寿苏会上，有吃、有看、有听。吃的是鱼肉茶酒，还有竹笋、二红饭；看到的是梅花封上所书的苏东坡词，听到的是铁笛洞箫击鼓声！古代文人的寿苏会是何等的高雅！然而最难能可贵的是，有位无名的丹青高手，他用细腻之笔，把这次寿苏会的场景画了下来，并请人镌刻到石碑上，尔后，又嵌在文游台的壁间。

岁月流逝，世事变迁，这块寿苏会刻石还在吗？为考证，我在妻儿的陪同下，专程到高邮文游台去参观。我见到了，它还"活"着，只是碑身致"残"——裂开了。为了搞清缘由，我拜访了文游台文保部门的项俊东先生。他告知我，在100多年里，高邮经历了抗战，再是"破四旧"。20世纪60年代后期，为保护文游台，某单位将此地作为办公用房，该单位做了一件好事，将文游台内的所有碑石，用石灰涂饰。1978年后，文保部门将石灰去除，又对文游台进行了整修。整修时，请到了著名书法家沙孟海先生题写"盍簪堂"匾额。2019年再次修缮时，

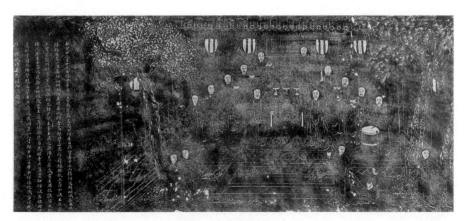

"寿苏会"刻石拓本

"寿苏会"刻石外面加了玻璃罩保护。

　　听了项先生的一席话,我便将自己随身携带的"寿苏会"刻石拓本给他看。他眼睛一亮,连声说这是一幅完整的"寿苏图"拓本,应该是致"残"前拓的,至少有100多年,太珍贵了!他接着说,图中上方供奉的是苏东坡、孙觉、秦观、王巩的四座牌位,中间桌上摆的是三只铜爵杯,这是清代文人给宋代文人在做阴寿。他对拓本又仔细地打量了一番,说这拓本很有可能是海内孤品了,因为至今尚未发现过"寿苏会"刻石的拓本。接着,项先生打电话给该市原市志办的肖维琪主任,说今天他看到了一幅完整的清代"寿苏会"刻石拓本。肖主任当即说,请他先将拓本拍个照,以备日后用……

三潭印月毛泽东改康有为楹联碑

2023 年 3 月，拙作《蕉石鸣琴·康有为与西湖的缘分》见报后，老杭州人、浙江大学方龙龙教授向我提议：康有为在西湖三潭印月有一长联，他印象颇深，能否写点文字。我告诉他：毛泽东主席曾有改康有为联的事。他又说：这太好了，能否将这个事情讲一讲。

1920 年是农历庚申年。3 月，康有为赴绍兴访兰亭、游柯岩、探禹穴，4 月，他从绍兴归来，为越王勾践卧薪尝胆、灭吴归越的精神所感动。其时，丁家山一天园尚未建成，康有为住在西湖边的郭庄（汾阳别墅），时时沉浸在西湖山光水色之中。此时，有人请他为三潭印月作联，他心里有底，只略加思考，一气呵成，很快便书下：

> 岛中有岛，湖外有湖，通以卅折画桥，览沿堤老柳，
> 十顷荷花，食莼菜香，如此园林，四洲游遍未尝见；
> 霸业销烟，禅心止水，阅尽千年陈迹，当朝晖暮霭，
> 春煦秋阴，饮山水渌，坐忘人世，万方同慨更何之。

上联是写三潭印月的风景，下联是以史事来抒情。《西湖古今楹帖新集》（六艺书局 1928 年）载有此联，其中"饮山水渌"作"山青水绿"，但与"食莼菜香"失对。

康有为的这副楹联，被镌刻在三潭印月的一座亭柱上，一

般游人看到这副楹联，只是看看读读而已，几十年下来，也没有人去深究它。

据叶建新主编《毛泽东与西湖》记载，1954年春，毛泽东主席在杭州游览西湖三潭印月时，看到康有为这副长联，读罢，感叹道："景情融洽，佳作，佳作！可惜康有为的心情灰暗。"他又笑了笑，嘱咐身旁的秘书把楹联记下来，待回去研究。

1958年3月，毛泽东主席来到成都，他阅读了成都的地方志和楹联等10余种书，读书过程中忽而想到康有为游西湖三潭印月所写的楹联，毛泽东将康有为联改成："岛中有岛，湖外有湖，通以卅折画桥，食莼菜香，如此园林，四洲游遍未尝见；霸业销烟，禅心止水，历尽千年陈迹，饮山水渌，坐忘人世，万方同慨欲何之。"

毛泽东将"阅"改成"历"，"更"改为"欲"，去掉"览沿堤老柳，十顷荷花"和"当朝晖暮霭，春煦秋阴"两句，看上去，仍是一副完整的佳联。

2004年6月，西湖正在整治中，我向市领导王国平书记提了个建议：三潭印月是西湖湖中著名的美景，三潭印月有很深的文化底蕴，若是能将毛泽东主席这幅秀丽字体的草书作品，镌刻成碑，这必将给风光秀丽的西子湖留下一件难得的墨宝和一则流芳千古的佳话。我还在信中要求，这年是毛泽东主席111周年诞辰，能否在他的诞辰之日，将此碑立于三潭印月景点上。

西湖风景名胜区管委会张建庭主任极为重视，不久，他们从外地请来一块硕大的碑石，重达30吨。因西湖上没有这么大的运载船只，湖滨管理处就专门调来一艘货船，将石碑运至三潭印月岛上。此碑由沈立新先生来镌刻，他怀着对毛主席的

崇敬、爱戴之情，全身心地扑在刻碑上，终于在毛泽东主席诞辰纪念日之前完成。

揭碑当天，西湖风景名胜区管委会邀请我参加揭碑仪式。我一看此碑又高又大，毛体书法镌刻得如行云流水，非常高兴。毛泽东书康有为三潭印月楹联碑的矗立，为三潭印月又添了一个人文气息极其浓厚的新景观。

西湖边的三对石狮子

岳王庙前"碧血丹心"坊下的石狮子

据杭州市园文局施奠东先生主编《西湖志》载，清雍正九年（1731），浙江总督李卫重修岳庙，并建石坊于祠前甬道，题曰"碧血丹心"。后在查看民国初年的西湖老照片时，看到了"碧血丹心"坊下，有一对硕大的石狮子。这对石狮子的具体年代还无定论，但是清代文物，应该是可以确定的。然而，在抗日战争期间，这对石狮子不知去向了。

我曾向岳庙管理处文物科原科长沈立新先生请教。他说"碧血丹心"坊下的石狮子，他未曾见到过。至于它的去向，要待研究了。

尔后，我又向沈立新先生请教，岳王庙前是否曾有过一对石狮子。他告诉我，是有这回事的。1979年重修岳王庙，当时有人说，在某处地下有一对石狮子，是否可以移过来用，当时认为，这个建议很好，于是就将其安放在岳庙前。有人看到后说，这对石狮子应是中山公园前的那一对。过了两年，中山公园整治时，有人提出，岳王庙前的这对石狮子，是清行宫遗物，于是将其放回到了中山公园前。

六公园的一对石狮子

湖滨六公园内有一对硕大的石狮子，凡是在杭州生活过的小孩子，大概率曾爬上去玩耍过……

这对硕大的石狮子是清代时守在浙江巡抚衙门门口的一对镇兽。辛亥革命后，巡抚衙门成了浙江省政府的办公场所，1949 年 5 月后，又成为浙江省众多厅级单位的办公处所。然而，这对原来巡抚衙门门前的石狮子，一直镇守到 20 世纪 60 年代。杭州著名古建筑学家吴寅提出要将这对石狮子移到西湖边去。他的建议得到了认可，于是这对石狮子在六公园生活下来了。

中山公园门前的一对石狮子

孤山的清行宫，亦称西湖行宫，建于清康熙年间。行宫前有一对雕刻精美的镇兽——石狮子。

关于这对石狮子的来历，我曾在 1971 年 9 月 5 日的日记中记述了。这天下午，我到北京香山一游，在孙中山先生衣冠冢处，见到一位身着军装的老人，有警卫员和一位医生陪同。我与老人聊起来。

这位老军人给我讲了香山的一些鲜为人知的故事。香山碧云寺原来有明末宦官魏忠贤的祠堂，魏忠贤是明熹宗时的大太监，自称"九千岁"。他深受宠信，排除异己，专断朝政。明思宗继位后，打击惩治阉党，治魏忠贤十大罪状。后来，命锦衣卫逮捕魏忠贤，魏忠贤自缢而死。崇祯下令将香山魏忠贤祠堂及其生圹砸毁,这对祠堂前的石狮子倒在地上。话说到这里时，这位老军人问我，是否知道杭州孤山中山公园门前的一对石狮子是哪里来的。我说不知道。他告诉我，是康熙皇帝建西湖行宫时，谕旨浙江的地方官从北京把香山魏祠前的石狮子运到杭

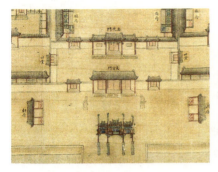

康熙、乾隆年间西湖行宫前的一对石狮子

抗日战争前碧血丹心牌坊下的一对石狮子

抗日战争后碧血丹心牌坊下没有石狮子

六公园的一对石狮子

中山公园前一对明代石狮子

州的。噢，还有这么一回事，后经警卫员告知，这位老军人是董其武将军。

一晃 50 多年过去了。近日，我在写《石头记》，忽地想起当年董其武将军话及孤山西湖行宫（中山公园）前石狮子的事来。于是我查阅了《清通鉴》《康熙诗词》《清稗类钞》等书，想找出一些蛛丝马迹来。

《清稗类钞》一书讲到，御史张瑗告知康熙皇帝，香山还有葬魏忠贤衣冠冢土丘的事。康熙听后，即下令将魏的衣冠冢砸毁。

康熙皇帝曾到西郊观禾，驻跸碧云寺，在他写的《再赋碧云晓景》诗中，有"荒刹得恩光"一句，由此说明当时的魏祠及衣冠冢已成了"荒刹"。

康熙二十八年（1689），康熙皇帝第一次巡行杭州。据说，康熙在第一次幸浙前，浙江地方官遵康熙谕旨，将香山魏祠前的一对石狮子运到杭州，安放在太平坊行宫。运之前，康熙还请工匠将石狮子作了修补。康熙四十四年（1705）三月至四月，康熙第五次巡幸江南，四月初三到杭州，当他来到西湖行宫时，看到了太平坊行宫的那对石狮子。据岳庙文物处原处长沈立新先生讲述，这对石狮子后来曾埋入地下。1979 年修岳庙时，曾在岳庙门口蹲过。1981 年，中山公园整修时，因石狮子是清行宫遗物，于是重回到中山公园门口。

日前，我来到中山公园的大门前，把这对石狮子仔仔细细地打量了一番。这对石狮子至今已 400 年左右了，它们经历了风霜和战火，看上去虽有一些"皮伤足裂"，但总体还是硬朗的，石狮下面四边的基座和身上的雕花纹饰，仍然保持着昔日精美

的模样……我看了这对"活"着的石狮，心有所感，写下："香山石狮本无邪，可恨落到珰人家。洁身自好'留一命'，君移孤山行宫下。"

文澜重光——苏堤"束浦""东浦"桥名本相通

　　精研西湖的乌鹏廷、洪尚之先生，谈及苏堤六桥之一的东浦桥名时，两先生认为，苏堤六桥之映波、锁澜、望山、压堤、跨虹诸名，首字皆动词，唯独东浦桥之东为方位名，古人取名，颇重学问，大有讲究，此东浦之东字，当以"束"字为妥，可能在书写之时，笔画潦草，致成"东"字，遂谬误流传。

　　1995 年，杭州园林文物局施奠东先生主编《西湖志》时，

"东"浦桥

233

乌鹏廷先生也参与其中。在编撰"束浦桥"条目是用"束浦桥"还是"东浦桥"时，他权衡再三，根据志史，还是用"束浦桥"。但在后面补上："《武林掌故丛编》二十二册，明夏时撰《钱塘湖山胜概记》：'苏堤六桥五曰束浦。《杭州志》写本作东浦。'又钦定《四库全书》本《梦粱录》卷十二第五页：'第二桥名束浦，桥西建一小矮桥过水。'"

囿于查找到的"束浦桥"史料甚少，想为"束浦桥"正名之事，我只能是默默地埋在心中。

2023 年 8 月 30 日，我受市里邀请，参加"文澜重光——文澜阁《四库全书》整理出版工程回顾展"，参观了文澜阁《四库全书》。

这时，杭州出版社的尚佐文总编走了过来。我对尚说了对于西湖苏堤六桥桥名的疑问，想请他在文澜阁《四库全书》里查一查是"束浦桥"还是"东浦桥"。

尚总编在《四库全书》检索目录上，找到《梦粱录》在 598 册，在《梦粱录》第十二卷《西湖》里，查到"束浦桥"。尚总编看后说，很像是"束浦桥"。这时，浙江图书馆古籍部陈谊主任也走过来，认认真真地看了起来，也说是"束"字，嘱我把这段文字拍下来。

三米，单孔净跨五点九米，为半圆石拱桥。《武林掌故丛编》

二十二册，明夏时撰《钱塘湖山胜概》："苏堤六桥五曰束浦。"《杭州志》写本作东浦。"又钦定《四库全书》本《梦粱录》卷十二第五页"第二桥

"名束浦，桥西建一小矮桥过水。"

施奠东主编《西湖志》中的相关记载

尚总编说，他在编《西湖全书》时，就提到过有关苏堤的东浦桥和束浦桥桥名的事。他还告诉我，他们出版社里有位钱登科副总编，对东浦桥还是束浦桥也有一些考证。此时，我对尚总编说，文澜阁《四库全书》版本中有"束浦桥"的桥名，这样可以写考证文章，还"束浦桥"本名了。

时隔两天，尚总编发微信告知，他再仔仔细细地看后，"束浦桥"的"束"字，虽不像"東"字，倒很可能是"東"字没有写到位。此时，我将文渊阁《四库全书》有关"束浦桥"的一页发给他看。看了后，他认为这个"束"字和同页"苏東坡"的"東"字很像，"苏東坡"成了"苏束坡"。

这两个"束"字一对照，我突然想到，古代文字上有个通用字的说法，难道古代"束"与"東"可以通用吗？不查不知道，一查开了窍：汉字"東""束"本为一个意思分化而来，都是取像于"橐囊"："東"字像"橐囊"之形，为象形字。"束"字从"橐囊"两端"束口"取意，以此表示"束缚"，为会意字。这样一来，"束""東"无论是作为单词，还是偏旁，都可以通用。

有了这个说法，我即刻向中华书局编审柴剑虹先生讨教：古代"東"与"束"可否通用？柴先生当即告知，古代时，对"束""東"二字有种说法，是可以通用的。

于是，我将古代"東""束"可通用告知尚总编。

文渊阁《四库全书》中的相关记载

尚认为，在上古，"東""束"是可以通用的，但从先秦文献看已经不再通用了。他猜测一开始叫"束浦桥"，后因形近讹为"東浦桥"，这与"東"字本义并无直接关系。不过科普一下"東"字本义与"束"相通，倒是一件有意思的事。

乌鹏廷在审稿

我又来到杭州出版社，将这一考证告知钱登科副总编，他听后迅即查了起来。徐中舒主编《甲骨文字典》中"東"的其中一种写法与"束"的字形一样，该书又解字道："象橐中实物以绳约括两端之形，为橐之初文。甲骨文、金文俱借为东方之东……《说文》……乃据后起之字形为说，不确。"

日前，我拜访了年已98岁的乌鹏廷老先生。我说："三四十年前，你对我说'东浦桥'应是'束浦桥'的事。现今查到从古文字的演变中"東""束"是可以通用的。"乌老先生听后说，他原先不知道"束"与"東"两个字可以通用，只是在志史中查找，一直没有查到最权威的典籍，原来"東""束"两字可以通用，这样，加之苏东坡在西湖名气大，束浦桥也不要正名了，东浦桥用上苏东坡的"东"字，则涵义更深……

深感于考得"束""東"二字的渊源，于是口占："文澜重光展新容，古字今用溯旧踪。苏堤桥名有趣事，束東原来本相通。"

白衣古寺品柱联

清道光三年（1823），普陀佛顶山寺的果禅和尚到灵隐、天竺礼佛，本想在杭州城内佛寺挂单（投宿），在寺院挂单一般可一宿两餐。可他在杭州城内没找到有外来僧人挂单的寺院，于是便在杭州城内四处寻找，这位和尚终于在遥禅寺南端的奎星弄，原好木寺的旧址上落了脚，因地形所限，起初建了所甚狭窄的小寺院。尔后，经过他和其他僧人数十年的资金募集，终于在光绪十年（1884），拓地扩建殿堂、僧寮等建筑，成为占地近 20 亩的城内大寺院，并将原北向的观音殿改为南向。据钟毓龙先生《说杭州》载，富商大户多在此做佛事。白衣寺遂为杭州四大佛寺之一。

日前，王马社区有位同志告诉我，白衣寺最近已对外开放，请我去参观一下，希望能挖掘出一些史料来。我到寺内一看，现今的白衣寺虽存有两栋修缮一新且精雕细刻的殿宇，但使我产生兴趣的却是殿宇石柱上的旧物——一副楹联："梵宇重开，留得西江

白衣寺柱联

千古迹；旃檀普护，分来南海一枝香。"落款人为仁和弟子朱觉济。

读罢此联，真使人"丈二和尚摸不着头脑"。白衣寺是道光年

白衣寺大殿（青春中学内）（1984年摄）

间初建的，怎么会"留得千古迹"？"西江"又是哪条江？再则，仁和弟子朱觉济又是什么人？联中的三个问题，使得我不能安寐。

思来想去，还是先从"西江"着手来查考。从《浙江古今地名词典》中查到："西江，古水名。即今萧山市与绍兴县界上西小江。"《新唐书·董昌传》载："全武执昌还，及西江，斩之，投尸于江。"顾全武是钱镠手下。原来西江还有这么一段与钱镠相关的历史故事。于是乎，我想到钱镠在治理吴越国时期，崇尚佛教，在杭州建了不少寺院，为杭州的"东南佛国"打下了基础。这位作联人真是有才，别出心裁地用"西江"隐喻出钱镠的史事，遂使千年前的往事，用到白衣寺，使之成为"留得西江千古迹"，真的令人钦佩不已！据《武林新说》载，白衣寺又名西江禅院，这出典是否源于此？

这位作联人朱觉济，又是怎样一个人呢？通过查考得知，朱觉济（1842—1923），仁和（今杭州）人。他在杭州开设过一家仁和堂药店。以"仁和堂"经营所得来的钱财帮贫扶困，尤其是帮助儿童和孤寡老人。光绪年间，白衣寺僧到朱觉济那

里募捐，他也慷慨解囊。同时，他还注重教育，投钱支教，被当时的市民百姓誉为"仁和朱公"。这副楹联，很可能是白衣寺重修后，寺僧请他撰写的。

白衣寺原来还有前大殿，20世纪90年代初，这座大殿不幸被大火所吞噬。然而也有幸，在焚毁前的1989年春，我抄录了殿前石柱上的两副楹联："珠现西方，鹿苑风翻贝叶；灯燃南海，鱼山香霭天花""与诸如来等同一身；现是学地感应群生"。后一副的撰联人是沃鉴三。

从下联"现是学地感应群生"这句中，得知当时的白衣寺应该说是重视教学的，不然的话撰联人不可能将白衣寺重教育的事写入了联句。至于沃鉴三这位撰联人，经查考，沃鉴三（1847—1915），字仲温，杭州人。清末教育家，早年曾留学日本。林启创办求是书院时，将他请去筹办求是书院，应该说他也是书院的创办人之一。据载，他在书院里倡导以实用为导向的教育模式，注重培养学生的实践能力和综合素质。

白衣寺重修时，寺僧有可能到他家里募捐过。嗣后，求是书院创办时，沃鉴三也去过白衣寺，与当时寺里的松风上人，也会提及寺僧识字学文化的事。旧时寺院里的小和尚基本上是文盲，诵经拜佛全凭大和尚口授。清末民初，松风上人接受了沃鉴三在寺院内办学的事，于是他先后到灵隐、净寺、戒坛等寺院，倡议设立佛学院。哪知松风上人却遭到反对学文识字的劣僧谋害，惨死禅堂。据《西湖新志》

民国初年西泠桥畔两墓旁

239

载，西泠桥有松风上人之塔。这样一来，在西泠桥两侧，东面是松风上人之塔与塔亭，西面是苏小小墓与慕才亭。1929年杭州举办第一届西湖博览会前，省长张静江与市长陈屺怀，察看西湖名胜古迹时，见西泠桥边上"和尚与才女"的墓亭两相对，认为不伦不类，于是下令将松风上人塔亭拆除……

郭麐"残碑砚"捐望宸阁

2017 年 10 月 31 日，我应拱墅区政协之邀，参加半山望宸阁建成开放仪式。这天，我与夫人朱福英商量后，将心爱的藏品——郭麐残碑砚作了捐赠。

郭麐，字祥伯，江苏吴江人，生于乾隆三十二年（1767），卒于道光十一年（1831）。师从姚鼐。一生致力于诗词、古文和金石考据。他的书画、篆刻造诣极高，其作品被国家列入不准出境的名单。这块残碑砚，是我于 20 世纪 90 年代在"二百大"收藏品市场见到的，虽是"残碑"，可一看有郭麐的大名，便珍爱至极，成了家藏。

该残碑上有郭麐所题刻的诗，我逐字逐句作了品读："残碑为砚记兴亡，往事悠悠剧可伤。两百余年天地间，我身与尔历沧桑。""此砚镌字妙绝伦，米童五石换奇珍。补天填海全无用，携作此名题卜人。"这两首诗是郭麐看到残碑上有"中宪大夫、振威将军"等文字，作了考证后，得出这方残碑上刻的原来是墓志铭，墓志铭的主人，是明朝的一位身世不凡的将军。查阅郭麐的生平，得知他年轻时就生活在杭州，曾游西湖、登雷峰。嘉庆八年（1803），阮元任浙江巡抚期间，37 岁的郭麐在杭州府治任职。是年，郭麐应邀参加了皋亭（半山）探梅的雅集，即席吟诵："信是吾生未有涯，皋亭十度见梅花。时逢野老留相住，唤作梨云梦已差。铜井铜坑山荦确，枝南枝北

241

残碑砚

月横斜。披图那禁前尘感，为失新宫蔡少霞。"郭麐的这首诗被收录在《皋亭倡和集》。

由于郭麐生前到过半山（皋亭山），参加过皋亭修禊的雅集，并留下和诗。我想，我虽酷爱该残碑，但毕竟我这里不是它长久的收藏之处。郭麐这方残碑砚的藏身之处，应是半山（皋亭山）望宸阁最为合适，让世人看到参与者郭麐的真实物品——残碑砚，便可忆及两百多年前，阮元与文人雅士在皋亭山修禊的往事，何乐而不为呢！

十五奎巷四牌楼

2007 年初，《都市快报》的王家屏记者将一张泛黄的四牌楼老照片给我看，希望我能解读一下。她指着照片上的几个小孩子说：他们是表兄弟姐妹，1948 年春节到四牌楼亲戚家拜年时，亲戚将他们带到牌坊前拍了一张照片，这瞬间的留影，却成了他们美好的回忆——这一晃已经 60 年了。

我骑车来到十五奎巷四牌楼，只见十五奎巷一带正在进行道路整治，只得停车步行到四牌楼。我在四牌楼走来转去地寻觅了一番，却未能寻找到四牌楼的一丝踪迹。于是，我向附近居住的人打听，有的一问三不知，有的说自己是新杭州人。我又向一位刚从墙门里走出来的古稀老人请教，他说自己是这里的老土地。当他看到了四牌楼的照片时，即刻引起了童年时的回忆。他说："是的，这应是四牌楼小学门口的一座，是四座牌楼中最大的一座。"五六十年前，他看到牌楼是朝紫阳山方向一字排开的，儿时常在牌楼一带玩耍，约在 1964 年前后被拆除。至于四牌楼建于何时，为何而建，他也说不清楚。他又告诉我，2006 年在四牌楼一带道路整

岁月留痕的四牌楼

治时，挖出过一块黑颜色的碑石，碑上刻有文字，民工也不当作一回事，敲敲碎，当作石头填埋到地下去了，他边说边带我到填埋碑石的地方。我看后惋惜地对李大伯说："太可惜了，这是古人留给我们的信息呀！信息断了，信息断了……"他说："这不能怪民工，民工也不知道派啥用场的！"

经实地寻访，确认这照片上的牌坊是四牌楼后，我就查阅有关四牌楼的史料，据记载，这地方原来叫十五间楼，明代时建有忠节祠，为纪念伍子胥、褚遂良、岳飞、于谦四位忠节之人而建，每逢八月十五都有祭祀活动。到了清代雍正元年（1723）的九月初五，皇帝下了一道诏书，将忠节祠改为节孝祠，诏书中有一段"着于地方所设祠亭，将前后忠孝节义之人，俱标姓氏于其中。已故者则设牌面于祠中祭祀，用以阐幽光而垂永远……男祠设石碑一座，女祠设石牌坊一座，镌刻姓名，用垂永久"的文字。原来如此，忠节祠改为节孝祠，一字之改，就不只是伍、褚、岳、于的忠节祠了，凡是节妇贞女都可留芳名于世了。

在史料中我又发现，第一块牌坊是清雍正元年（1723）立的，牌坊上的"民不能忘"为雍正所书。这牌坊有可能就是李大伯所说的最大的一座牌楼（坊），从乾隆四十三年（1778），嘉庆十八年（1813）至嘉庆二十年（1815），道光二年（1822）至同治十三年（1874）间，新建和修缮的牌楼（坊）来看，其规制是不太可能超过雍正时所建的牌楼（坊）的。至于为何再建三座牌楼（坊）呢？这是后来钱塘、仁和的地方上将节妇贞女的名字一个一个地镌刻于牌坊上（从牌楼的照片上就可以看到密密麻麻的名字），当一座牌楼（坊）上的名字刻满了，便再立一座，再刻上名字……到清末，这里前后已立了四座牌楼

244

"民不能忘"

（坊），因此，此地就唤作"四牌楼"了。我的推测不知是否有理。

随着时代的发展，古代节妇贞女的伦常观念，在1911的辛亥革命后已被革除了，那四牌楼也在四五十年前被拆掉了，今天的人们只有从这张经历过岁月留痕的照片上，还可隐约见到一点四牌楼的影迹。2012年，十五奎巷、四牌楼一带进行了综合整治，在挖掘历史和文物史迹时，又重新矗立了一座"民不能忘"的石牌坊。

半山祥云华表猜想

　　半山坐落于杭城东北，亦叫皋亭山，是一座非常有名的山。宋代苏东坡守杭时，曾夜宿佛日寺并留诗。宋高宗赵构避金兵时也到过半山。南宋末年，文天祥与元军谈判，也到过半山。清代阮元任浙江巡抚时，多次到半山观桃题诗。丁氏尚德堂迁杭至吾已十八世，吾祖自清乾隆年间（1736—1795）从绍兴迁杭后，至祖父辈，有五代先人的墓地，筑在半山。

　　儿时，每逢清明、冬至，我都要随父辈到半山祭扫先人墓地。行山途中，见荒芜坟地里倒卧着石马和华表，父亲就对我说，这些有石马和华表的墓地里埋的，生前都是有身份的人，过去都是好人家，不是达官，便是贵人。如今子孙没落了，墓地也荒凉了……父亲会吟咏郑板桥的"华表千寻卧碧苔，坟前石马磨刀坏"的诗句给我听，告诫我：子孙若不好好读书、做事、做人的话，祖上再好的坟墓，到头来，都会是"卧碧苔，磨刀坏"的！这番话，至今仍在耳边。

　　2007年，某报上有一篇《半山发现祥云华表》的文章，看后并不觉新奇，因为半山的华表我在儿时已见过。翌日，有记者打电话给我，希望我能解读祥云华表的来历，与此同时，我也了解到了华表上竖有石葫芦。我向他提供了一个情况：胡雪岩母亲的墓筑在半山，胡雪岩是皇帝赐了黄马褂的，如此尊荣，其母墓地上立个华表，当在常理之中。记者说，他见到的祥云

246

华表处并没有墓地，这又该怎么解答？我未到实地察看过，只能愕然了。

今年中秋前夕，浙江大学的方龙龙教授约我去半山一起探究祥云华表的身世。我早有此意，欣然应约。

是日，初秋气清，日丽风和，车行笕丁路，人入青山中。我们在下车后步行至山岙，一对雕刻精美的祥云华表兀立山前。方教授拿出指南针确定方位后说，这对华表是面西向的。尔后，又丈量了华表的直径和高度，直径 37.5 厘米，高约 5 米，华表间距约 30 米，整根柱子为雕饰精美的祥云所覆盖，其间嵌雕有五只蝙蝠的图纹，顶端四边雕刻"寿"字图案，方形顶端上刻有一只荷花瓣的圆形承露盘……再看华表表面，风蚀程度不大。

由此推断，华表制作的时间应在清末，因华表上有蝙蝠和"寿"字图案，当是"寿域"前面的华表，属墓表。然而，又该怎么解释，只有华表而不见墓地呢？我们只得从时代变革和改朝换代上来猜想了。清末时，有的京官特别是杭州本土的京官以及杭州本地的地方官员在"百年"之后，愿意在杭州名山留下青冢。也许，有这么一位官员，生前来到这面西向的山岙里，看"风水"，觅"寿域"，选定了一座高不过 30 米、宽不过 50 米的小山，先在山前宽约 30 米的位置上立起墓表。然而世事莫测。1911 年 10 月辛亥革命爆发，清政府被推翻。很多官员，例如赵朴初先生的夫人陈邦织的祖父——清末京官陈曾寿，就从湖北避居杭州。同样，这位立了墓表的官员，也很有可能成了遗老，也有可能不知去向了，再也无力、无胆在选定的风水宝地入土为安……

岁月流逝，匆匆百年。如今，杭城拓展，半山旁有了宜居的小区，在建设中不经意将昔日隐没山岙的祥云华表给显露出来。这是件好事。我想，日后这祥云华表也许会成为小区的一个亮点，也希望感兴趣的人们，对祥云华表的身世，作更深的指点。

楚妃巷"海云浴日井"

日前，下城区国投集团对楚妃巷危旧房进行修缮改造时，发现一口高出地面约 1.3 米、井圈上镌刻着貌似祥云波涛图样的古井。该集团对古井采取了保护措施，以延续古井的生命，并提出要对古井的由来做一些历史考证，以了解古井背后的故事。

古井井圈上雕刻的祥云波涛图案应是海云图像，当日光射入井中，井水汩汩泛起波光，井当被命名为"海云浴日井"。

为何会雕刻海云图像的井圈呢？

笔者从《武林坊巷志》一书中查到：明末清初时，有一位叫徐林鸿的学人，寓居在楚妃巷里，他有个很有文化的朋友吴农祥，经常到楚妃巷徐家品茗饮酒。

清初，康熙皇帝为巩固政权，起用人才，提请各省推荐有识之士。康熙十七年（1678），吴农祥、徐林鸿被推荐参加康熙十八年（1679）的博学宏词科考试。此二人和同科的王嗣槐、吴任臣、毛奇龄、陈维崧为大学士冯溥府中之常客，时人称为"佳山堂六子"。

据《清通鉴》载，此次特科共取一等一百二十人，二等三十人，统授翰林职衔，未被录取之人亦授内阁中书衔。可见吴农祥、徐林鸿通过这次体仁阁考试被授翰林职衔，是高官。吴农祥生于明崇祯五年（1632），故于清康熙四十七年（1708），

海云浴日井

终年 77 岁。据《岁寒堂存稿》载，吴农祥是退休还乡后到楚妃巷徐林鸿老友家中做客的。徐君"提壶絜榼"在室中招待。徐林鸿认为翰林老友的到来是贵官临门，自然要张罗一番。特别要保证家中饮水洁净，在古代，每年清明节前要将井底淤泥清除干净。徐林鸿很有可能在清井除淤泥时，将旧井圈换成了海云井圈，借日光照入井中内，谓"海云浴日井"，并指给吴农祥老友看，以示对老友"天子门生"的尊重与礼仪。毕竟他们都是有识之士……

吴农祥晚年住在西牌楼，著述颇多，有《萧台集》《悟园杂著》《流铅集》《悟园诗集》《啸台读史》《绿窗读史》《钱邑志林》等，他的《西湖水利考》被丁丙收入《武林掌故丛编》。

以上对楚妃巷"海云浴日井"的考证分析，是非常粗浅的，恭请各位批评指正！

大树巷里袁枚像

2023 年阳春三月，文友陆彦行走杭城街巷时，来到大树巷里，见到"袁枚故里"和"袁枚像"，拍了照片发给我。重阳节前，大树巷里吴越信息研究所的徐清祥、王其伟两位老先生在东园公园也见到袁枚的像，拍了照片，发给远在广州的我，并告诉我，万松书院和杭帮菜博物馆亦有袁枚的像……

两百多年后，杭州市民对袁枚这位清代名人，还有这样的深情！于是我生发了寻访袁枚身世的兴趣。据《袁枚传》和相关史料记载，袁枚（1716—1798），字子才，号简斋、随园，

袁枚故里

袁枚像

清康熙五十五年（1716），出生在大树巷一户没落的官宦家庭，自小受父亲袁滨的启蒙教育。7岁时，举家迁至城东葵巷，袁枚进私塾。其师史玉瓒的祖上史浩，南宋时官至右丞相。袁枚九岁那年的端午节，塾师告假，父亲带袁枚游玩吴山，见山下有卖艺少女走绳作金鸡独立状的表演，袁枚看了出于好奇心，遂掷一串铜钱，巧中少女立绳之足，少女足痛，见掷钱者为一小童，便一笑了之。父亲则责儿子太调皮。到山顶巫山十二峰（十二生肖石）后，父子二人远望景色，袁枚即口吟"眼前两三级，足下万千家"，"月因司夜路嫌冷，山到成名毕竟高"的句子。父亲听后心想，儿子这么小小年纪就能吟出富有哲理性的诗句。是夜回到家里，袁枚又写了"每饮不忘惟竹帛，立名最小是文章"的句子，表达了少年袁枚欲以文章立名的志向。

雍正五年（1727），袁枚12岁，考中秀才，入了县学。可想不到的是，其师史玉瓒也参加了考试，成就了"师生同中秀才"的趣事。

雍正八年（1730），15岁的袁枚在岁、科两试时，为一等并列，被补为增生（地方给予一定的银两，作为"奖学金"）。雍正十一年（1733），袁枚18岁，经浙江总督程元章推荐到万松（敷文）书院深造，书院杨文叔山长，读了袁枚的"二论"课卷，极为赏识。袁枚在书院一年，大为长进，写下"我每遇文战，彻夜穷钻研。至今咳唾处，心血犹红鲜"的诗句。说明他是多么呕心沥血地苦读！

雍正十三年（1735）春，20岁的袁枚先后参加了杭州府和省里的科考，但由于这年雍正帝驾崩，"两考"作罢而未有结果。

第二年，乾隆元年（1736），因科考为逢子、卯、午、酉

年。是年丙辰年距戊午乡试还有两年。于是袁枚游历到叔父袁鸿任职的广西桂林。袁鸿在广西巡抚金鉷幕府供职。经叔父介绍，金鉷与袁枚谈话后，对袁枚的才华大加赞赏，于是金巡抚请袁枚为他所收藏的汉代铜鼓作一篇《铜鼓赋》。金巡抚读罢，连称袁枚为"国士"，是他"六十年来，生平第一知己也"。

袁枚在金巡抚处才短短数月，朝廷下旨：定于乾隆丙辰（元年）九月举小博学鸿词科，要求各省长官向朝廷推荐入京应试人才（贡士）。袁枚"近水楼台"，金巡抚不仅推荐，还给袁枚白银作为赴京的盘缠。这年的应试者有170多人，袁枚年龄最小。不知什么缘故，袁枚在这场考试中名落孙山。

袁枚后又参加了乾隆三年（1738）的戊午乡试，中了举人。乾隆四年（1739）春，有300位贡士参加会试，这是袁枚第二次进保和殿。他非常自信并开心地写下："霓裳三百都输我，此处曾来第二回"的诗句。此次袁枚得二甲第五名，赐进士出身，授庶吉士（在翰林院短期任职）。

袁枚离乡别土五年，有了功名，父母催他回家完婚。袁枚衣锦还乡，惊动邻里，遗憾的是最疼他的祖母已逝。于是，他先到半山扫墓祭祖，尔后与王姓良家女子完婚。回京后，他的庶吉士工作是学满文，译满文，书满文。乾隆皇帝颁的圣旨、下的诏书……都是满汉两文的。然而，袁枚是满腹经纶的人，又是新婚燕尔，三年下来，在散馆考试中不合格，不能留京，只得外放任知县。对此次考试，袁枚自嘲为"粗才"。他曾到江苏溧水、沭阳、江宁等地为知县。几年下来，他在官场甚感疲惫……乾隆十三年（1748）七月，袁枚以三百两银子得南京一处废园——隋园（几经整治，后改名随园）。八月初三，得家书说母亲患病，于是袁枚想告假探母。然而直至冬月，吏部仍未准假。年末，袁枚借病挂职，雇舟沿大运河回杭州，乾隆十四年（1749）正月初一到家。初二到半山扫墓时，袁枚想起了祖母，写下"孙儿十八岁，怀抱犹在床。今儿得官归，古墓生白杨。呜呼苍天恨，此恨何时忘？"的诗句。（《归家即事》）同时，袁枚向父母妻子表露出辞官归隐的愿望……

在南京，袁枚对随园作了修建，花了不少钱财。乾隆十七年（1752）新年伊始，袁枚得吏部改官陕西的任职书。哪知，他到陕西半年多，就接父亲病逝的消息。按规定，袁枚要守孝三年。乾隆十九年（1754），吏部颁给袁枚终养文书，并发给他一笔退养金。

袁枚归隐后如何生活？偌大一个随园又如何供养呢？殊不知袁枚是个有"文才商智"的人，他内心自有安排：一是将随园的田地、村子、池塘租给十三户人家，种果蔬、养鱼鸭，凡是对友朋的款待，全由佃户供给；二是将在滁州购下的田产租给农民，作为年租收入；三是袁枚为"天子门生"，可卖文润笔，特别是给大家富户写墓志铭、作传记，每每有赠银千两者；四是出版著作，公印公卖的收入也不菲。

平生向往自由的袁枚，在南京随园笔耕不辍地生活了几十年。同时，他对后生，不只是才子，对才女也是一样乐于施教，他没有"男女授受不亲"的陈腐观念。

乾隆五十五年（1790）清明时节，袁枚回杭州扫墓，借住西湖北山宝石山庄的孙善乐家里，孙是杭州人，进士出身，曾任四川按察使。其祖父孙典曾与袁枚在雍正年间乡试时认识。他有六个女儿，长女云凤、次女云鹤皆工诗。姐妹俩经父亲介绍，认识并仰慕袁枚的才学。她们在杭州结识不少才女，提了个拜袁枚为师的请求，并约定四月十三日，在宝石山庄她们家里，

东园公园的袁枚像　　　　　　《随园食单》书影

举办一个杭州才女的聚会。

　　是日，袁枚手不持杖，头戴毡帽遮住白发，一袭长衫，精神焕发。才女中除孙氏姐妹，还有文穆公徐本相国的孙女徐裕馨，袁枚老友张静山之女张秉彝，已故杭州秀才汪秋卿的女儿汪妙、汪姍姐妹，福建布政使、袁枚同年秀才、交好五十余年的钱琦幼女钱琳，还有王玉如与连氏姐妹等，共十三人。

　　才女们向袁枚行拜师礼，袁枚向才女们分赠了笔墨纸砚等小礼物。嗣后，以击鼓传花之游戏开序，鼓停时花在何人之手，须即席作诗。第一个接花的是钱琳，钱琳即席作《谢简斋先生赐物》："愧无黄绢句，却受紫罗囊。解识先生意，敢留一瓣香。"此为袁枚所赠之香袋也。第二个接花的是张秉彝，她却赋了一首长诗："夫子名声盛，文章老更忙。公卿争聚洽，桃李走门墙……花光明晓露，翠柳媚晴光。湖山涵天远，萍丝引绪长……怀恩兼感旧，绕尽九回肠。"袁枚听了两位才女吟的诗，便脱口而出："一片性灵，难得难得。"当即口吟："红妆也爱鲁灵光，问字争来宝石庄。压倒桃李三千树，星娥月姐在门墙。"袁枚将众姐妹的诗选编入《随园诗话》中。女弟子在宝石山庄拜袁枚为师的湖楼诗会，成为西湖上的一段佳话。

两年后，乾隆五十七年（1792）清明，袁枚回杭扫墓，再次入住宝石山庄。这次湖楼诗会，规模不及前次，只有七位女弟子，除孙云凤、孙云鹤、骆绮兰、钱琳外，还有绍兴知府潘石舟的女儿潘素心，其夫为解元，另两位一位名梧桐，一位名袖香，皆为杭州知府明希哲家的人。袁枚仍以笔墨纸砚作为见面礼，湖楼诗会开始时，杭州知府明希哲大驾光临宝石山庄，"留所坐玻璃画船、绣褥珠帘，为群女游山之用"。

袁枚退隐后的几十年间，编撰了《随园诗话》《随园诗话补遗》等。这些著作反映了清代乾隆时期闺秀诗的整体创作风貌。他传世的《随园食单》也可证明他是位美食家。而今，西湖北山下的宝石山庄，历经200多年，已无处寻觅踪迹，今人只能在袁枚的出生地和读过书的地方，回想他手里握着书卷的身影……

杭人吴士鉴，联留广东东莞状元坊

　　2023 年国庆期间，我与家人一起到东莞的粤晖园游玩。园内的五元坊引起了我的兴趣。本来只知道三元坊，而这里怎么会有五元坊呢？原来是在解元坊、会元坊、状元坊之外，再加上士元坊、兴元坊。

　　"士元"是指殿试后在翰林院任职多年，经考核政绩政声俱佳者，回京再考国策及治国之道，得第一名者为"大学士"，简称"士元"。封大学士后而分阁，如宋朝有"龙图阁""文渊阁""宝谟阁"等。在宋代杭州人沈括的墓碑上，就写着"龙图阁直学士"。

　　"兴元"，首先得考中"大学士"，然后，再由各部自选考题，

状元坊　　　　　　　　　状元坊楹联

257

得第一名者升"尚书"。明、清两代有六部尚书。尚书还只是"兴元"考核的初级阶段,要在岗位上经多年历练,在皇帝及亲王的考核中选最优秀者去做太子师,太子师往往在太子登基后被拜为丞相。为师为相,辅国兴邦,是为"兴元"。

走到粤晖园内的状元坊时,看到柱上镌有楹联:"乃有秘书,博览典雅;皓尔太素,栖峙渊深",我思量了一番,这似乎是一副集《礼记》《诗经》等古籍中名句而成的楹联,也是读书人的自勉——既要博览群书,也要藏而不露,更要纯洁光明。当看到楹联落款"吴士鉴"的名字时,不免觉得亲切。

吴士鉴是杭州人,也是近代著名金石学家、藏书家。吴士鉴书的楹联怎么会镌刻在东莞的状元坊上呢?他与东莞有什么关系?

于是,我便从吴士鉴的身世查起。吴士鉴(1868—1934),光绪十八年(1892)中进士,且高居第一甲第二名(榜眼)。也是在这番查阅中,我新"认得"了一位广东东莞人陈伯陶(1855—1930),他与吴士鉴同年中进士,是第一甲第三名(探花),为东莞历史上唯一一名探花。

我又在吴士鉴的文章中发现,吴士鉴和陈伯陶参加殿试时,最终的阅卷人正是翁同龢,翁同龢认为他俩都是难得的人才,遂将奉卷呈送给皇帝。经一番评判后,吴士鉴为第二名,陈伯陶为第三名。殿试后,他俩都任翰林院编修,成为皇帝的近臣。吴士鉴官至侍读、江西学政;陈伯陶为文渊阁校理,

南书房四位翰林

武英殿协修，国史馆协修、总纂，两人都曾述《起居注》。

故宫博物院主办的《紫禁城》杂志上曾刊有一张相片——"南书房四位翰林"（1905 年），自左至右分别是吴士鉴、袁励准、张亨嘉和陈伯陶。这一年，吴士鉴三十八岁，陈伯陶五十一岁。这张照片证实了我的猜想：杭州的吴士鉴与东莞的陈伯陶，不只是殿试时的榜眼与探花，还是一起在翰林院、南书房共事的好友。他俩之间的书诗来往，则是平常之事了。我由此推测："延有秘书，博览典雅；皓尔太素，栖峙渊深"的楹联，是由陈伯陶请吴士鉴书了一副，携回故里，并为乡梓所重。

人生过往，雪泥鸿爪。吴士鉴所居住生活过的吴宅，就在靠近新华路的岳官巷，往西不到两公里就是西湖。1986 年，吴宅被杭州市定为市文物保护单位。2020 年，这里成为杭州市文史研究馆。很多年前，吴士鉴的父亲吴庆坻曾经在此书写："须知少年凌云志，曾许人间第一流。"

259

"阔石板"身世的推考

十年前，一位媒体朋友问我玉皇山下阔石板地名的由来。我告诉他，《杭州地名志》载，百年前，环西湖开筑道路时，这里的地下挖出了一块硕大的石板，既长又阔，就叫阔石板了。

2024年春天，我和老同学、老同事到阔石板农居家一聚，往窗外一望，忽地看到了一块硕大的石板倚在墙边。墙上有"玉皇山路在清代、民国时期称阔石板，一九四九年后拓宽，初称玉清路，后改为玉皇山路。二〇〇四年，在玉皇山路整治工程中，挖出该大石板，现陈列于此，以提起历史，作为缅怀'古阔石板路（遗址）'符号"的简介。读罢，引人遐想，阔石板有什么来历吗？

不日，我携上卷尺再次来看阔石板——长335厘米，宽80厘米，高40厘米，一计算，好家伙，重达数吨！量罢，走到村道碰见一位老妇人，我问她这块石头的来历，她说自己原来是城里清河坊人，叫马梅兰，20岁时嫁到阔石板，今年89岁。她说这块石板是差不多20年前，从玉皇山庄前的路下面挖出来的，好像石头上面还有字呢。我听了一阵高兴，于是请她陪我去看。到了石板处，上下找遍也不见一个字，只有石头风化后的纹迹。至于有关阔石板的往事，她说不上来。但她愿意陪我去问一位更年长的94岁的鲍爱香老人。鲍爱香告诉我，阔石板的地名，她一生下来就有了。但怎么来的，她也说不上来。

只是听老辈人说过，这块石板要是青石板就值钱了，可惜是块红砂石板，卖不起价钱的。顿时，我想起了一句老话："千年桥栏杆，不当古董卖！"难怪阔石板挖出来后，鲜有人对它感兴趣。而我呢，只是想探个究竟，至于值不值钱就不去管它了。

万事开头难，从哪里着手呢？还是先从古代玉皇山、净寺、长桥、方家峪一带的人和事查起吧。

1965年，杭州市文物考古部门在玉皇山下发现吴越国王钱元瓘的墓里有块石刻星图，上面盖有一块红色砂砾石板，该石板长471厘米，宽266厘米，高31厘米。比阔石板还要长，还要宽，只是高度低了9厘米。一句话，这块石板的体量比阔石板还要重、还要大呢！又据《钱氏家乘》载，宋时钱氏表忠观在龙山西南妙因山下，元代时被毁。由于岁月沧桑，后来的钱氏"忠观迁至现今的钱王祠。至于宋时的表忠观有没有这块大石板，也无从考证了。

明代净慈寺僧人大壑撰的《南屏净慈寺志》载："方家峪，在南屏之阳。六朝以前，峪中林莽茂密，幽烟冥缅，阒无人居，实南山一奥区也。入五代至（宋室）南渡，则方氏与山民错居。"从这段文字中可知，方家峪是宋室南迁后，方姓人士得到原住民的接纳，生存繁衍的地方。当时，这里还是个生活艰难的小山村。《南屏净慈寺志》又载："长桥，在寺东一里。桥颇短，而以长名者，故老相传，旧在白莲洲，横截湖面，水口甚阔，桥分三门，长亘里许。有亭临之，壮丽特甚，其旁植桃柳，与苏白两堤，映带争胜。后浸淫填徙，两涯皆民居矣。其南，旧有澄水闸、南闸……而南闸者，亦分方家峪之水，引归长桥。谓之三渠，皆有石桥，今亦湮废。"从这段文字中得知，长桥在宋代时是座石桥，在净慈寺东，桥长里许，水口甚阔，桥上

阔石板及简介

有亭，桥旁植桃柳，可比胜苏白两堤……然而，南宋亡后，元代时西湖未曾疏浚。到明代时，"葑田几半湖内"。长桥三渠，几乎湮废……明代万历二年（1574）进士（一说举人）陕西韩城人梁元，看到长桥下的水流已是"渟蓄"（水积聚而不动），于是作了浚池……万历壬寅年（1602），有位叫虞淳熙的居士，世称法华和尚，在桥上筑了个亭子。这时的桥名虽是长桥，实已成短桥了。因虞与净慈寺大壑法师是方外深交，在万历乙卯年（1615）《南屏净慈寺志》成书时，大壑诚请虞为该《志》作序。

而今，从《南屏净慈寺志》书上大壑僧人、虞居士留给后人有关长桥、南闸、方家峪的片言只字和镌在阔石板上的柱孔、溢水口来推测，阔石板可能来自长桥或者南闸……

往事千年，沧海桑田。百年前，也许是长桥附近的地下挖出过阔石板，该石板露面后，便有了口口相传的"阔石板"地名。然而，"长安市上无人识"，也不知何因，嗣后，这阔石板又没了踪影，直到2004年，阔石板再次现世，这块阔石板几经搬移，在"重文化、讲历史、保遗产"的今天，终于找到个安身之处。时至今日，这块阔石板不管值不值钱，也不能确定它是不是长桥短桥或宋代钱氏表忠观的遗物，但这块阔石板毕竟已成为当地历史上一个不可磨灭的印记。

"枯木逢春"，原是航空标识树

2018 年 4 月，原下城区有关部门邀请我参加研讨《文化地图》，我曾提出建议，可否在地图上的"打铁关"位置增加一棵航空标识树。

20 多年前，我与父亲路过打铁关，见到一棵倚墙兀立、直径约 1 米、高 5 米多的枯死老樟树。父亲说，不要小看它，这是一棵原笕桥航校的航空标识树。

父亲的表姐夫曾经在笕桥航校工作，这棵树的"战功"是他讲给父亲的。

杭州笕桥航校建立于 1931 年春，曾被誉为"中国空军的摇篮"。

1937 年 8 月 14 日，笕桥航校飞行员高志航等人驾机与日机空战，大获全胜。文史学者徐清祥在《杭州往事》中，也记载了这件往事。8 月 14 日，杭州下着毛毛雨，云高约 3000 米，

枯樟树

能见度为 500 米，下午 1 时 30 分，敌（日）九架轰炸机向杭州方向飞来，笕桥航校迅即出动战机上天迎敌，一入云层便奋勇杀敌，击落敌机 3 架，其余敌机仓皇逃窜。

在总结这次获胜的原因时，战技卓越是克敌制胜的重要原因，再则，这也和平时严格训练密不可分——飞机起降时，只要见到这棵航空标识树，就知道这是笕桥机场的方向。

讲述过这段鲜为人知的往事后，几位感兴趣的同志与我一起来到枯樟树下。枯樟树现在地铁 1 号线打铁关站 B 出口北侧，高大的枯树干上披上了藤蔓。树下立了一块"枯木逢春"的碑石，碑文刻着：

> 杭城古河之阳有木，名香樟者，年逾五百岁。盖因破土损其根茎者，卒。
>
> 前八载（2005 年），"六五"环境日，环保志愿者与护绿使者，植络石藤于樟下。翌年，繁茂绿枝满盖枯木，成古树迎春之状。其花繁卓绝、荫绿锦绣之势，沁人心脾，而杭之美为尽在矣。
>
> 诚感"藤司令"护绿之倡导，犹乘"四边三化"之势，宣环保生态之念，树正本清源之容，养明朗浩然之气。是为记。二〇一三年三月。

为枯樟树立碑是一件大好事，不致枯树被随意毁弃。但读罢碑文，感到有些不足：其一，没有标明该枯樟树的"前生"；其二，由于立碑人不知枯樟曾是航空标识树，故碑中对此事只字未提。

为了进一步了解清楚这棵枯樟树，近日我又查阅了《艮山门外话桑麻》《武林乡音》等书。

《武林乡音》"打铁关"一节中载，夏墅庙南面有好多大樟树……现在地铁 1 号线打铁关 B 出口北面，至今还有一棵枯死的大樟树，就是夏墅庙前众多大树中唯一留下来的，已成为打铁关老年人心中的标志记忆。旧时每年正月初一，也有提前到年三十来烧头香的，每年七月初一和七月三十日，老村民都会聚到大树旁，朝着夏墅庙点香和蜡烛，以示纪念。

枯樟树披上藤蔓

看来这棵枯樟树是古代夏墅庙的遗存。至于此樟树枯于何时，只能是口口相传了。杭州笕桥抗战纪念馆馆长高建法是土生土长的笕桥人，他告诉我，打铁关的枯树是有名的，他很小的时候就见到了。对于夏墅庙枯樟树曾是笕桥航校航空标识树一事，我又向杭州市政协文史委原副主任王其煌先生请教。他告诉我，旧时打铁关一带是一望平畴的农田，这棵树凌空兀立在平地上，为笕桥航校作航空标识树，是完全有道理的。在没有卫星导航的年代，就依靠罗盘和地标（如大树、河流）领航。

杭州真是一座历史文化名城，它的一山一水、一砖一石、一草一木，甚至连一棵枯树都有它"前生""后世"的说法。

乾隆六巡　十上龙井

2024年是农历甲辰年，距1784年乾隆皇帝第六次南巡，刚好过去240年。

乾隆皇帝六次南巡。《清高宗（乾隆）御制诗文全集》有载，乾隆一生写了43600多首诗，在他"六巡"杭州的70多天里，以西湖为主题创作诗文630多首，写龙井的诗文也有50多首。

乾隆十六年（1751），农历三月十一日，这天春光明媚，乾隆皇帝看到龙井茶区一片翠色，山间上下都是忙忙碌碌的茶农，采茶的采茶，背筐的背筐，在山中上上下下。乾隆仔细看了采茶炒茶全过程，感受到炒茶也是要有勇武之气的，写了一首《观采茶作歌》："火前嫩，火后老，惟有骑火品最好。西湖龙井旧擅名，适来试一观其道。村男接踵下层椒，倾筐雀舌还鹰爪。地炉文火续续添，干釜柔风旋旋炒。慢炒细焙有次第，辛苦工夫殊不少。"这是乾隆第一次写到"西湖龙井茶"。

乾隆二十二年（1757），

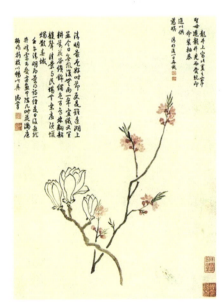

《花卉图》

农历三月初二，乾隆二上龙井，这天正是谷雨前一日，当地农谚有：谷雨茶，满把抓。茶叶到谷雨时节已长得极盛。当乾隆走到山上时，茶农告诉他，谷雨前后的茶叶是有区别的，雨前茶价钿高，雨后茶价钿低。虽然茶农过着粗衣粝食的生活，但他们卖茶叶是讲诚信的。不会拿雨后茶冒充雨前茶……乾隆听后，为茶农朴实的民风所感动，随即写下："今日采茶我爱观……雨前价贵雨后贱，民艰触目陈鸣镶。由来贵诚不贵伪……弊衣粝食曾不敷……"（《观采茶作歌》）

乾隆二十七年（1762），农历三月初一，乾隆抵杭。这次南巡，乾隆三上龙井。从诗文来看，前两次到龙井，乾隆的关注点都集中在茶叶和茶农生活上，对龙井的山水风光和人文史事未尝顾及。

三月初六，在龙井寺方丈的陪同下，乾隆皇帝游玩了苏东坡与辩才法师所到之处的"过溪亭""虎溪桥"……方丈还将镇寺之宝——苏东坡过溪亭诗卷墨宝给乾隆看……乾隆当天在寺里题下了"过溪亭""涤心沼""一片云""风篁岭""方圆庵""龙泓涧""神运石""翠峰阁"八景景名，并题诗《初游龙井志怀三十韵》。

三月初九，乾隆在雨中上龙井，见龙井寺方丈的书桌上有文房四宝，于是请方丈派人摘了茶枝插在瓷瓶里，画了一幅《龙井茶胆瓶清供图》。三月十二，乾隆陪皇太后来到龙井。乾隆在寺里画了一幅《花卉图》，此图现藏于北京故宫博物院。

是日，皇太后、乾隆帝在龙井寺饮茶，茶香飘逸，乾隆赞不绝口。他问方丈此茶何来，方丈说出于本地之山，产自胡公庙前王氏之家。乾隆好奇，要求方丈陪他去看茶园。乾隆问王氏此园多大，能产多少茶。王氏告知，不满一亩，园里有十八株茶，产茶不及一斤，以贡上方。王氏还说，他家园里所产之茶，是龙井山里的无上之品。乾隆听后便道："王氏方园里十八株，荷褒封焉。"皇帝口谕，十八棵御茶树由此而来。"龙井新茶龙井泉，一家风味称烹煎"，乾隆笔下的这"一家风味"，很可能是指十八株茶树的王家，至此，乾隆已五次访龙井。

乾隆三十年（1765），农历闰二月初七，乾隆皇帝奉皇太后南巡，第四次来到杭州。这次南巡，乾隆皇帝在杭州住了12天。12天里，乾隆三次上龙井，并写下《游龙井六首》《龙井八咏》《雨中游龙井》《展苏东坡书和过溪桥书卷》《再游龙井作》。

乾隆四十五年（1780），乾隆第五次南巡。农历三月初四乾隆抵杭。浙江巡抚王亶望负责接驾，接驾途中，乾隆看到一路张灯结彩，相当气派。入住孤山西湖行宫后，又看到新建了不少屋宇，乾隆心中不悦。乾隆听到王亶望在海塘等工程中的不端之处，心中不免愤懑。

《起居注》载，三月初九，乾隆再上龙井。这天，乾隆命王亶望护驾龙井。在寺里，乾隆看到他前几次所题的诗和《清供图》，方丈都作了裱褙，并挂在壁间和窗前。观赏时，乾隆忍不住感慨时光匆匆——一别春秋十五年矣！是日，乾隆训诫王亶望，因南巡只是体察民情风俗，不是游玩观景，今添建屋宇，张灯结彩，实不可取。这是乾隆第九次上龙井。

乾隆四十九年（1784），乾隆皇帝第六次南巡。这次，他带上儿子爱新觉

"龙泓涧"题刻

罗·颙琰随行，农历三月十五来到杭州，三月廿四回銮，返行前一天，尽管是雨天，乾隆还是再到龙井，这是乾隆第十次上龙井。

这天，寺里的方丈对乾隆帝说，天在下雨，就在寺里休息休息。但是，乾隆还想再看一眼藏在寺里的《苏东坡和过溪桥诗卷》墨宝，再到苏东坡与辩才法师唱和的"过溪亭""虎溪"和"龙井八景"去走走看看。在方丈的陪同下，乾隆在风篁岭、过溪亭稍作坐憩，当听到"涤心沼"淙淙的泉声时，乾隆对方丈说："泉韵如闻留客歌"，遗憾的是，也许是因为下雨，一路上未能见到一个茶农……

春日的龙井，总是簇新的。岁月沧桑，乾隆当年在龙井的"八景"题刻还在吗？"八景"仍在，但乾隆题刻影踪难觅。只在一块刻有"神运石"字样的石头左半侧，尚留有模糊不清的字迹，打开手电照看，好像题有"壬午暮春□□"几个乾隆字迹和一枚镌有"乾隆御笔"的刻印。

龙井留石不多，最近一次看到，是在西湖旁的"湖山镌永"摩崖石刻展上，前人所拓的"风篁岭""龙泓涧""一片云""翠峰阁""方圆庵"的乾隆题刻依然留存于世……也许，江南文化就是在这样一笔一画的认真书写中，形成了现在的模样。

世上孤品——清代回春堂抄外科秘方回杭州

20多年前，方回春堂一位汪先生来到我家，希望能从我的藏书中找到有关方回春堂创办的时间。后来我从书中查到，它是在清顺治六年（1649）创立的。他高兴至极，临走时拜托我多留心一下有关方回春堂的老物件。

一晃20多年过去，我没有见到有关方回春堂的只字片纸，但汪先生当年嘱我的话一直记在心里。

角落里，意外发现"回春堂抄"本

8月17日，我来到"二百大"收藏品市场。在一个角落的摊位上，瞄到两本小册子——《外科祖传撮要》（卷七）和《外科祖传撮要》（卷九）（以下简称"撮要"），纸张发黄，封面注明"回春堂抄""共拾二本"。

翻开一看，内中都是丸散锭丹的药方。

摊主叫何远景，是山东菏泽人，这两本手抄本，他说是在菏泽农村收来的。还道："你看看，这毛笔字写得工工整整，要花多少时间！"故要价每本350元。

《外科祖传撮要》封面

但他不知道这册子的内容是药方，更不知道是"回春堂抄"的。我便与他讨价还价。他恳切地说，你看看，从山东菏泽到杭州来一趟，要路费，要吃住。我听听，此话也有道理，最后以 200 元一本买下了。我又问他："这应该有 12 本，怎么只有两本呢？"他说："收来的时候就只有两本。"我深感美中不足。

多方查寻，"回春堂抄"本抄录了什么？

回到家后，我便颇有兴味地查阅这两册书的出处。

我从历代古籍医书中查来查去，查不到《外科祖传撮要》的书名。倒是查到明代医学家薛己著有《外科枢要》一书，此书中的医案和药方，与"回春堂抄"《撮要》一对照，对不上号。我再上网去查，也没有此书存在的信息。

我想到了浙江中医药大学的毛丹漪老师，便向她请教。毛老师告诉我，听这个书名，应该属于医药文献方面。她向我推荐了该校博士生导师、专门研究中医医史文献的郑洪教授。郑教授说，至今没有中医书用"祖传"二字，这应该是外科祖传知识的摘要记录。

经郑教授一点拨，我的脑子顿时开了窍。这《外科祖传撮要》，应该是回春堂主人抄录历代医籍秘方，或者是药店经典药方的集成。

再一查《撮要》中记载的药

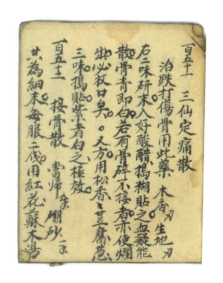

《外科祖传撮要》内文

271

方，果真都有出处。如：三仙定痛散，出自《御要院方》卷九，现今的药名是定痛散；天降白雪丹，出自《医宗金鉴》，现今的药名是白降丹；外感正气丸，出自宋《太平惠民和剂局方》，现今的药名是藿香正气丸；神仙聚宝丹，出自《杨氏家藏方》，现今的药名是聚宝丹；通经丸，出自《医略六书》，现今的药名是利血通经丸和活络通经丸等。

按照两册《撮要》91个药方计算，12册《撮要》应该记载了500多个药方，不由令人心生敬佩。

多方查寻，"回春堂抄"本抄录了什么

出处查清了，还要搞清《撮要》抄录的时间。我想到了杭州宣纸老字号浣花斋（1929年，鲁迅曾在日记中写道："得委托许钦文至杭州浣花斋所购信笺四十余种。"），于是我向浣花斋主人赵军先生请教，请他对抄本所用的纸张做个鉴定。

赵先生相当仔细地查看了纸张后说，这是清代中晚期的平浆纸，纸厚薄比较均匀。听后我一阵高兴。

回来后，我去相熟的文印店打印文稿，店里的老师傅看到我手中的《撮要》，火眼金睛地指出，书边上有过火的痕迹："这两册书会不会是从火中抢出来的？"

此时我心中对这《撮要》的辗转身世有一番初步的猜想，听老师傅这么一说，再看这发黄的书页边上果然不平整，似有火烧痕迹。于是接着两天，我又先后向省、市消防部门的相关同志请教，他们告知我，目前对古书的过火时间的鉴定，尚有难度，故不能确定。

再找专家，“这是重要文献史料”

查寻至此，我心中仍不踏实。8月24日，我和浙江图书馆古籍部原主任陈谊约好，26日下午携书来到孤山的古籍部，请陈谊先生再作一番鉴定。

陈谊看后，给出了他的意见：所谓"祖传"，是古人手抄的历代验方，形成了一个药店的药材特色。这"回春堂抄"本的抄录人，必定是药店的"老法师"（意谓经验丰富、资历深厚的老员工），看这一笔字，端正、遒劲！抄录的药方，应该是回春堂经过实践证明有治疗效果的秘方、偏方。

从这两册书的纸张时间上来看，应为清同治、光绪前后，亦有可能是咸丰以前的抄本。这样的药方抄本，一定经历了一个漫长的过程。可惜其他册尤其是第一、二册缺失了，不能知道最早抄录于何时了。

至于"火烧"的说法，陈谊认为，应为火燎、火烤的痕迹。他还发现了虫蛀现象，而且是两种虫蛀的痕迹，一疑为蟑螂所咬，一是书米虫（白蠹虫）。

陈谊告诉我，古人手抄历代经验药方，在当时一般作为家庭或者药店参考使用，传承到今天是很有价值的，"值得保护和传承，是方回春堂重要的文献史料"。

抄本背面，另有乾坤

有意思的是，在《撮要》卷九本的背面，写有"祭神礼记"四字。翻开内页，空白纸张上出现了"光绪六年清明日办，潘陈枝名下横田太祖常田"等数行字，祭祀人叫"潘炳松"，祭品有"猪肉""豆腐"等，并注明"太公葬庙后太妣葬下马山

273

塘机口二处"。看来，这本《撮要》被这位光绪年间的潘炳松当作了记事本。

为了查明此人，我从常州图书馆的官网上查到了《毗陵潘氏世经堂活字本》家谱，这是常州人潘炳松与族人于民国六年（1917）纂修的。

幸亏有了这几行记事，以及"光绪六年"（1880）的清晰字样，才知道《撮要》到过常州。陈谊先生认为，两册书上的火烤痕迹，应该就是光绪年间在潘家留下的。

让我根据当时的历史背景，来做一番关于《撮要》百余年流落在外的猜测。

清咸丰年间、1860年前后，太平军先后两次陷杭。城破之际，百姓四处逃散，倾注回春堂人心血的《撮要》，被堂里老药工、原籍江苏常州的潘姓人氏，带到家乡常州，潘炳松便是他的后人。1937年"七七事变"后，日军侵华，常州沦陷。潘

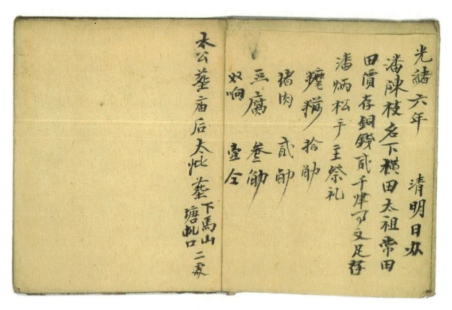

《外科祖传撮要》背面

274

氏后人很有可能到山东菏泽乡下避难，将此《撮要》随身带走。直至80多年后的2024年，被何远景这位收破旧的人在菏泽乡下收到，遗憾的是只剩两本了。

世上几多"回春堂"？

那么这个"回春堂抄"的回春堂，是不是杭州的回春堂？

经查，除了在顺治六年（1649）由杭州人方清怡创立的杭州回春堂外，湖南涟源有一家回春堂，是在清咸丰九年（1859）创立的。福州也有一家回春堂，是在清乾隆五十五年（1790）由仁和县（在今杭州）张氏所开设。

我推测这个仁和张姓人氏，有可能是杭州回春堂派到福州去开设分店的，故仍袭用回春堂之名。杭州回春堂主人为有别于福州回春堂，加上了姓字——"方回春堂"。

我查阅了2009年由西泠印社出版社出版的《走读中山路——杭州中山路非物质文化遗产拾遗》一书，在关于"方回春堂"一文的介绍中，果然出现"鼎盛时期，其分店遍布安徽、福建各地"这句话。

此后我又查到，2013年11月，方回春堂传统膏方制作技艺申报国家级非遗项目时，申遗文本上也明确写有此句，同时还提到："经典古方的失传现象堪忧，如何使之古为今用，还有待努力。"

方回春堂的创始人方清怡出身中医世家，富藏历代医书。自清顺治六年（1649）开创至乾隆、嘉庆（1800年前后）的百余年里，经方氏几代人不断积累、发展、完善，不但有了相当丰富的医药知识积累，更是博采众长，将古代医学史籍中的良方甚至宫廷秘方，纳为己用。

据《武林坊巷志》记载，自顺治至康熙初年四十年间，外郡人称武林为"医薮"。因当时杭州医学繁荣，众多名医聚集，而被称为医学之乡——回春堂便是当时杭城药业的"六大家"之一，这个词汇反映了当时杭州在全国中医药领域的盛名和贡献。

由此看来，此回春堂就是杭州回春堂。

方回春堂建堂宗旨实证

"方回春堂"的得名来自"逢凶化吉，妙手回春"。创立时的宗旨是严格遵从古代良方，精选道地药材，炮制各种丸散膏丹。以前鲜有文字依据，而今，有了这本"回春堂抄"的《撮要》作为佐证了。

"文字纪实，史书证'堂'。"搞清来龙去脉后，我思潮起伏，难以入寐，草成二绝："世上秘方万般找，方回春堂百年抄。《撮要》渡尽劫波里，时来运转回家笑。""国土九百六十万，《撮要》只是一尘埃。杭州之物回杭州，虽已残缺'老命'在。"

这两本《撮要》历经近两百年的风雨磨难，从浙江杭州到江苏常州，再到山东菏泽，转辗一圈，又回到"出生"地杭州。冥冥之中，它是沿着千年大运河来回走了一圈！像一个漂泊在外的孤儿——不！它已经历练成世上孤品的"金身"回来了！

冼星海与钱王的"渊源"

自 2008 年杭州恢复"元宵祭钱王活动"并被列入浙江省非物质文化遗产名录后，每年正月十八，杭州钱镠研究会都会在钱王祠举办庆典活动。今年接到活动邀请时，我忽而想起，去年在广州麓湖的星海园里见到冼星海（1905—1945）巨大的刻石像。

很多人不知道，闻名于世的《黄河大合唱》谱曲人——人民音乐家冼星海和钱王竟也有"渊源"。

我走到冼星海纪念馆，看到冼星海与钱韵玲的一张照片，想起半个多世纪前，钱韵玲曾到我厂里辅导过唱歌的事，那时真不知道钱韵玲是冼星海的夫人。鉴于此，我便细心地看每个展板的介绍。冼星海祖籍广东番禺，生于澳门……1937 年 10 月 3 日，冼星海到武汉汉口等地进行抗日宣传和演出活动，同时还组建了海星歌咏队。钱韵玲当年在汉口第六小学任音乐教员，是海星歌咏队队员。

有关冼星海与钱韵玲相知相爱的故事，还得从钱韵玲的父亲钱亦石说起。

冼星海像

钱亦石是个了不起的人物。湖北咸宁人，1924年加入中国共产党，1932年至1937年，先后任上海法政学院和暨南大学教授。1937年"七七事变"爆发后，

冼星海（右）钱韵玲（左）订婚照

钱亦石全力投入抗日救亡运动。上海党组织根据周恩来的指示，以30多名党内外作家、音乐家、戏剧家为骨干，组成了一支战地服务队，钱亦石为队长，他还创作了《战地服务队歌》的歌词。他们从上海到杭州，1937年12月24日日军攻陷杭州前夕，战地服务队转移至金华。然而钱亦石因一路积劳太甚、心力交瘁，不幸于1938年1月29日病逝，终年49岁。

钱亦石逝世的消息传到武汉，当地文化界人士定在2月27日为钱亦石举办隆重的追悼会。会前，著名词作家孙师毅（施谊）创作了《钱亦石先生挽歌》的歌词，交给冼星海谱曲。冼星海当晚谱曲到深夜，第二天早上，钱韵玲到冼星海住处取歌，当她看到"你是黑夜的明灯，你怒吼着号召奴隶们斗争；你用自己的心血，写着为民族解放自由而战……"的词句时，当即哭得双眼红肿，这时冼星海才得知钱韵玲是钱亦石的女儿。

1938年7月20日，汉口文化界人士在田汉的主持下，见证了冼星海与钱韵玲的婚事，同年10月，这对新婚夫妻奔赴延安。

纪念馆的讲解员得知我是杭州人，告诉我冼星海的女儿冼妮娜就在杭州，还赠我一册《冼星海音乐作品选集》。

　　回杭后，经杭州历史学会原会长褚树青先生牵线，我联系上了冼妮娜女士。她已是年过耄耋之人了，但思维依然很清晰。问及她父母亲的事时，她告诉我，2025 年是她父亲冼星海 120 周年诞辰，逝世 80 周年，有关方面正在向她约稿，故平时深居简出。她还告诉我，他的外公钱亦石，据说是吴越钱王的后裔。当我听到"钱王后裔"时，心里一阵激动，但再一想，是不是钱王后裔是要有史实依据的。

　　今年"元宵祭钱王"活动前夕，我向杭州钱镠研究会的钱光肖先生请教，问他有关湖北咸宁钱氏的来历。据他考查，应是元末明初为避乱，从江西湖口五刘村迁居到湖北咸宁马桥镇的，始迁祖为钱维隆。随之，他又将"红色教授钱亦石"的简介发给我：钱亦石，湖北咸宁马桥镇钱家庄人，夫人王德训，育有两子一女，女儿钱韵玲其夫为著名音乐家冼星海。这样就证实了冼星海是钱王后裔钱亦石的女婿！

初探宋代杭州的消防

日前，中央电视总台记者来杭州采访，问及有关宋代杭州消防的一些事：苏轼在杭州两次任职，做了哪些有关消防方面的工作？杭州老百姓有句俗语"城隍山上看火烧"，是怎么从宋代流传至今的？南宋临安府（杭州）消防管理体系是怎么个布局？……

我查阅了两宋时期的一些史料，作了些粗浅的研究，遂撰成此不成文的文字。

苏轼在杭州，治水也治火

苏轼是众所周知的大文豪，也可称为一位治水名人。但他在杭州推出的防火措施，却鲜为人知。

苏在杭州两次任职：第一次任杭州通判，是在宋神宗熙宁四年（1071）至熙宁七年（1074）；第二次任杭州知州，是在宋哲宗元祐四年（1089）至元祐六年（1091）。

通判之职，主要是辅佐知州处理公务。但苏轼也对西湖水利和城市建设的发展作了一些调查研究，决定对杭州已淤塞的六井，进行大规模的疏通。

时隔15年后，苏轼到杭任知州，对杭州的所有工作都要一肩挑了。他经过调查，认为摆在第一位的要务，是要全面整治西湖和兴修杭州的水系工程。他一面打报告上奏朝廷，一面

在民间筹措工程经费。经过努力，从朝廷拨得经费一万七千贯，募捐也得了一万七千贯，凑足了三万四千贯的工程费（据南宋钱币博物馆的屠燕治先生估算，如果折合成金价比较，每贯相当于现今的 600 元人民币。三万四千贯相当于人民币 2040 万元。）

资金落实后，苏轼首先用于对西湖的治理、杭城百姓的生活与消防用水水源方面的建设，整治和扩大了流入西湖的两条大溪流。一条是金沙涧（据施奠东主编《西湖志》载，金沙涧是西湖最大之天然水源，由西北两涧汇合而成，始于灵隐合涧桥下）。在古代，西湖上的船从水路可直接通往灵隐。另一条是长桥溪，源出方家峪，在莲花峰前北折经长桥注入西湖，全长约 1.5 公里，以供给西湖活水。

苏轼还在杭州城内房屋密集处，凿井储水，挖建了许多水井和蓄水池。《苏东坡与西湖》（朱宏达、朱磊著）一书载，苏东坡为确保用水，将原来易破裂的竹水管改为瓦筒水管，将瓦筒放置在石槽内，上下用石板固定，虽然增加了费用，但大大提高了供水系统和水井的工程质量，使生活用水和消防用水有了更进一步的保证。

苏轼是从当时的皇城汴京来的，当时那里已有了专职的潜火军（消防队），于是他也将这种消防管理带到杭州，重视消防的"火备"工作。

苏轼认为，防火和灭火的立足点都在于"防"：一是防于火灾发生之前，不让火灾发生；二是在火灾发生之后，不使灾难扩大，尽可能缩小火灾范围，减少火灾损失。苏轼特别重视对消防设施、消防队伍的建设和消防器械的制造。他派专人制造了灭火用具，如大小桶、水囊、麻搭、斧锯、云梯、火叉、火钩、大索（绳索）；成立了有 100 多人的潜火队；建瞭望塔，塔上有人瞭望，每当发生火灾，立即出动灭火。就这样，杭州城市的消防管理有了初步的雏形。

南宋时临安火灾频发

《西湖游览志余》载："宋朝建都，城中大火二十一度，其尤烈者五度，绍兴二年五月，大火，顷刻飞燔六七里，被焚者一万三千家，六年，又火，被焚者一万余家……"大火延烧，百姓冻死街头者甚多……

那么多的火灾发生是有原因的：杭州从东南都会一跃而为一国首都，不到一百年里人口翻了一番，至 1275 年已逾百万。比今天小得多的杭州城，如何容纳下这么多人呢？

按照学者徐益棠 20 世纪 40 年代在《南宋杭州之都市的发展》一文中的论述，当时南边凤凰山一带为富人区，也是皇宫所在地；城北的贫民区则都是"多层建筑"，正立面窄小，进深却很大，底层差不多都开有店铺或手工艺作坊——这很有点像现代人住的"鸽子笼"，每座住宅平均要容纳 10 户人家。

如此密集的人口，加上房屋多是木结构，难免火灾频仍，连皇宫也未能幸免。南宋精美的建筑群、宋高宗养老居住的"人间仙宫"德寿宫，也在开禧二年（1206），被大火烧了个精光。

据《杭州通鉴》有关"辛酉临安大火"的记载，南宋嘉泰元年（1201），临安宝莲山下起火，继而火势蔓延，大火连烧 4 天，烧毁御史台、司农寺、太史局、军器监、皇城司等多处重要建筑，延烧近六万家，城中庐舍，十毁其七，百官都就舟而居，受灾人口十八万余人。因是辛酉年，史称"辛酉大火"。步帅（侍卫亲军都指挥使司）夏侯烙因临安城大火时酒酣未醒，未指挥

扑救。消息传开，朝野震怒，夏侯烙因此被罢官并逐出杭州。

南宋法令汇编《庆元条法事类》规定："诸在州失火，都监即时救扑，通判监督，违者各杖八十。虽即救扑监督，而延烧官私舍宅二百间，都监、通判，杖六十，仍奏裁。三百间以上，知州准此。其外县丞、尉并镇、寨官，依州都监法。"

也就是说，州城失火，都监和通判必须立即组织消防员灭火，否则要被处以"杖八十"的刑罚，如果大火焚毁官私舍宅 200 间以上，都监与通判即使尽力救火，也要被处以"杖六十"的刑罚。

在"第一线"清河坊火场指挥灭火的临安府知府丁常任居然在御史台西的小巷中找到一口古井，扒开后，泉水如涌，灭火中派上了用场。事后丈量，井深近 20 米，井边宽 3 米多，据说这个水井还是苏轼守杭时挖凿的呢。

这个时候可以看出苏轼的功绩了，他在杭时挖掘的水井、水池，惠及后世。

城隍山上看火烧

上城区政协文史委所编著的《吴山大观》一书中，有对于"城隍山看火烧"的描述："数城隍山地势最高，只要派人上山日夜瞭望，看到哪里起火，就指挥人去哪里扑救。"

南宋的消防措施，在和火灾的不断抗争中建立起来。北宋后期出现的专职消防队，到南宋时期的杭州，已经建制完善。当时的消防官兵共有 5100 人，并在人丁密集处设有 8 座九米高的望火楼，哪里有烟火升腾，楼上哨兵就会发出警报，白昼以举旗为号，夜晚则悬灯为号。旗帜或灯笼的数目标志着火灾发生的位置。

姜青青在复原的《咸淳临安志》"京城四图"中，标有南宋时城隍山上有一座"南隅"的"防隅官屋"，并在城隍山上标有"东山望楼""西山望楼""南山望楼"三座望楼。望楼上的潜火兵，若发现紫禁城内有火灾，白天挥动三面旗帜，晚上挥动三盏灯，将火灾的信息立即发送出去；若发现城内火灾，则白天挥动两面旗帜，晚上挥动两盏灯；若发现城外火灾，则白天挥动一面旗帜，晚上挥动一盏灯。挥旗和灯的信号，犹似古时烽火台的作用。

正是这个缘由，住在城隍山附近的老百姓，只要一听到救火的声音，便一哄而上地跑到"城隍山上看火烧"去了。"城隍山上看火烧"，遂成了形容杭州老百姓看热闹的一句俗语。

一旦发生火灾，所有驻军皆被调动。整个步骤已和现代消防制度十分相像，用来望火的望楼更是世界古代城市建设中的首创，对后世影响巨大。

那么南宋人是怎么灭火的呢？从水桶、水囊、水袋、麻搭、锯子、斧头到云梯、唧筒、灯笼和防火衣。其中"唧筒"，类似现在戏水时的水枪，利用活塞原理来远距离灭火，这也是我国最早出现的消防泵。

而水袋、水囊多用猪、牛的膀胱制成，起火时盛满水投掷，水囊被烧穿或破裂，水即流出灭火。

南宋杭州处处有井，河道遍布，取水很方便。政府机构等要害部门以及富户权贵家中，也都有蓄水池。夜间巡逻士兵的一项主要任务就是察看火烛，如有情况，立即通知消防队。

在这样严密的消防制度下，火灾的扑灭率大大提高，比起前人单纯以隔火墙来阻挡火灾，已是相当大的进步了。

南宋时期杭州的消防管理体系

绍兴七年（1137）十一月，官府制定了《临安火禁条例》，并采取了一些防火措施，火灾略有减少，主要的措施有：

第一，增设军巡铺，加强夜间巡警烟火。

第二，城内各坊巷设立固定的防隅官屋或望楼。城内建立防隅官屋12个——东隅、西隅、南隅、北隅、上隅、中隅、下隅、府隅、新隅、新南隅、新北隅、新上隅，每隅设置102人，计1224人。

第三，建立城外10个防隅官屋，计1200人。

第四，建立三支专业化的救火队和皇宫救火队，水军队206人，搭材队118人，亲兵队202人，皇宫救火队350人，计876人。

第五，城南厢、城北厢设潜火队1800人。

这样临安府的潜火军（消防人员）总计为5100人。

第六，临安府的知府负责消防工作外，下设节制司（相当于现今的消防、公安、民政三位一体），实行统一指挥与领导救火工作。遇到火灾发生时，尽可能做到救火不劳百姓。

南宋临安府（今杭州）在800年多前就有了这一套分片划区，人、财、物落实，达到5100人的全职消防员队伍和行之有效的一整套消防管理体系。我国著名的史学家白寿彝先生，在他主编的《中国通史》中，作了南宋杭州的消防组织是"当时世界上所有城市中最完善的，已与近代城市消防组织相类似"的高度评价和结论。

望仙阁下"古灶房"——南宋时的"防隅官屋"

2011年秋，鼓楼外的望仙阁建成。受市有关部门的邀请，我参加了与新建成的望仙阁有关的一次历史文化研讨会。会上，对在望仙阁地下挖出的"古灶房"是派何种用途的事，进行了探讨。杭州古都文化研究会林正秋会长将对"古灶房"考证的事交给我。"古灶房"派什么用？没有确凿的证据是不能说的，于是我在南宋时期的一些史料中去探究和查考。

在查阅史籍的同时，我又去拜访了当时的市文物考古所唐俊杰副所长，他说，"古灶房"遗址是在2010年5月开始发掘的，发掘中出土的瓷器种类有青瓷、白瓷、青白瓷、青花瓷等，包括碗、盘、炉、瓶、瓿、篮、盆、罐、钵、盅等餐饮瓷器。经鉴定，这些瓷器是产于龙泉窑、越窑、景德镇窑、定窑的。同时，出土的建筑物有青砖、板瓦、长条砖和鸱吻。还出土了咸平通

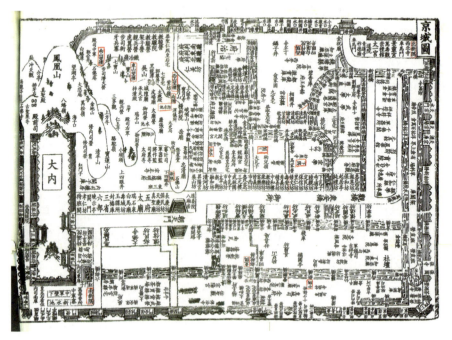

南宋《京城图》（可见城内十二防隅官屋和吴山上的东、南、西望楼）

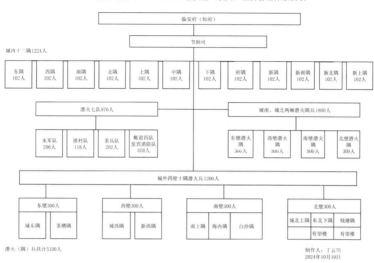

南宋时期（1127—1276）临安府（杭州）消防管理体系图表

宝、皇宋通宝、元丰通宝、淳祐通宝等北宋和南宋时期的古钱币100多枚。经考古断定，这是南宋时期的"古灶房"，大小灶头还留有用火的痕迹。据他查阅史籍后得知，望仙阁所处的位置，南宋时属怀信坊，也叫糍团巷。至于"古灶房"的用途，他未进一步研究下去。但他饶有兴味地对我说，若能解开"古灶房"用途的这个"谜"，则是件很有意思的事。

　　嗣后，从考古的实物和南宋时的古籍史料中可知，"古灶房"所处朝天门内的位置上，有"右一厢""望楼""巡警""防隅官屋"等。"防隅官屋"设立于"诸坊界"的位置，正是现今望仙阁下"古灶房"的遗址处。特别是"鸱吻"的建筑构件实物，更能证实用在"防隅官屋"上的可能性很大。因为古代"鸱吻"一般是用在宫廷、庙宇、官府等建筑物上。《南宋临安两志》还记载着"右一厢"的"防隅官屋"，屯驻军兵有102人。其主要职责：一是防火；二是防盗；三是调解民事纠纷；四是指

派望楼旗（灯）手；五是分派和管理巡铺的巡警……由此推测，这102人的办公和生活起居，需要有一定规模的房屋——"防隅官屋"来安置。今天，在望仙阁下，"古灶房"里的两个大水池和硕大的灶头、水缸及出土的大量瓷器遗物来看，这应是102人的生活配套。

望仙阁下的"古灶房"很可能是南宋时的"防隅官屋"，这论断得到了杭州古都文化研究会林正秋会长的认可。唐俊杰副所长也认为不失为一种可能。

由一枚银章引出的"纬成"往事

凤起路环北小商品市场是杭州著名的老市场，经营了20多年以后，目前已经关停，完成了它的历史使命。这一区域颇有历史的余韵：20世纪50年代，这里是杭州颇负盛名的福华丝织厂。当时我在杭一中（即现在的杭州高级中学）读书，上下学要路过此地，隐约还能见到大楼上"緯（注：本文中除特别标注外，均简写为纬）成"几个大字——在20世纪初至30年代，这里是杭州有名的纬成股份有限公司。纬成公司的厂区，在清代是守备衙门，毁于咸丰年间的兵燹。

近日，我在上海收藏到一枚民国时期的杭州银章，重约6克。银章正面有"緯成"和"58"的编号，背面是"桑叶"图纹和一个蚕的繁体字"蠶"。

这枚银章，让我想起少不更事时，曾经在家中翻箱倒柜找出一张纸。父亲说："这是纬成公司的股票，纬成公司已经'倒灶'了。"

一枚"纬成"银章，牵动了我记忆深处的"纬成"往事。

民国时期杭州纬成股份有限公司银章

纬成公司创始人身份不凡

据《杭州丝绸志》载，1912年5月，浙江公立中等工业学校校长许炳堃与该校染织科主任朱光焘，集资2万银元，在池塘巷原清守备衙门旧址，创办杭州纬成丝呢公司。

据《晚清民国杭商研究》记载，许炳堃（1878—1965）是浙江德清人，早年就读求是书院。1907年毕业于东京高等工业学校机织科，1908年回国，授工科举人。宣统元年（1909）殿试一等，留内阁中书。

宣统二年（1910），浙江提学使郭则沄与许炳堃商量，希望办一所"杭州前所未有的学堂"。创办这所学堂需要获得朝廷批文。批文下达：学堂为官办，聘许炳堃为浙江官立中等学堂的监督（校长），以在蒲场巷场官弄报国寺已停办的铜元局为校址，负责筹建事宜。

宣统三年（1911）3月27日（农历二月廿七），"浙江官立中等学堂"正式开课。许炳堃邀请朱光焘出任染织科主任。

朱光焘（1881—1963），仁和（今杭州）人。光绪二十九年（1903），清政府颁布《奖励游学毕业章程》，宣布对中国留学日本的毕业生按学堂毕业等级分别授予贡生、举人、进士等名衔。宣统元年（1909），朱光焘毕业于东京高等工业学校染织染色科，授工科进士，又殿试第一，授翰林院检讨，派任南洋劝业会染织审查官。

"学堂"开设几个月后，1911年辛亥革命爆发，学校改名为"浙江公立中等工业学校"，1913年又改名为浙江甲种工业学校。1918—1919年，学校增设化学科、电机科，报名的学生不断增加，都锦生、夏衍、沈西苓、常书鸿等都是这所学校的毕业生。都锦生、常书鸿毕业后还留校任教。1920年秋，学校升格为"浙江公立专门学校"。但染织科没有升格，改为"浙江织业工业学校"。1927年，第三中山大学创办时，浙江公立专门学校改为"第三中山大学工学院"——第三中山大学就是后来的浙江大学。

染织科则改为"浙江织业工业学校"，简称"杭高工"。1949年以后，"杭高工"与几所学校合并分拆，其学源延伸到今天的浙江工业大学和浙江理工大学。

纬成公司产品"西博会"获奖

辛亥革命成功后，许炳堃和朱光焘作为浙江中等工业学堂的校长和教师，为解决本校毕业生的就业问题，集资2万银元，创办了杭州纬成丝呢公司。次年又增资4万银元，成立杭州纬成股份有限公司，当时有提花机12台，职工60余人。

1915年3月10日，农商部在当时的北平举办国货展览会，纬成公司的"纬成缎"荣获部级奖；1918年，"纬成缎"又获得了巴拿马万国博览会金质奖。

纬成公司声誉大振。许炳堃他们决定扩大生产，遂将池塘巷内毗连的张姓人家所开的绸厂及其住房购置下来，开办了缫丝部。

1917年，缫丝部成立。1920年，又增资100万银元，在嘉兴南湖边开设"纬成公司裕嘉分厂"。1922年，朱光焘赴美参加纽约第二届丝绸博览会后，与许炳堃商议，再增资200万银元，在嘉兴建成绢纺厂。到1927年，公司已有职员784人，工人3900人，成为浙江省大型丝绸兼缫丝企业之一。

1928年，为扩大对外贸易，公司又成立了国外贸易部，与外国厂商直接进行贸易，打开了丝绸产品向印度及南洋出口的销路。

1929 年 6 月，杭州首届西湖博览会开幕，朱光焘被聘为西博会常务委员兼丝绸馆馆长。他在丝绸馆里专门开辟了"纬成陈列室"，展出了壁绉、印花、平纺、五彩绉、绢纺等丝绸织品，以及纺丝、生丝、蚕茧产品。纬成公司的印花、平纺、纺丝、生丝荣获特等奖，另有（蚕）茧获二等奖。

正因为多个产品荣获了"西博会""特等奖"和"二等奖"，纬成公司制作了为数不多、且有编号的"纬成"银章，以资纪念。

池塘巷里因纬成公司搬家的张家

池塘巷里石库门朝南开的张姓人家，与纬成公司毗连，也开着绸厂，这便是我二姑奶奶家。

我的二姑奶奶名丁书，嫁的丈夫名叫张竹铭。纬成公司要扩大生产，就与张家商量，给张家移地置换。张家也是好商量的，从池塘巷搬迁到了余官巷一个高大而古老的宅第里。

余官巷这宅第，原属金姓人家。金家后来出了一个名人，便是著名作家郁达夫的妻子王映霞。

王映霞的童年是在这所老宅里度过的。据其在自传中回忆："丁未年，前清光绪三十三年的阴历十二月廿二（1908 年 1 月 25 日），我出生在杭州的余官巷中一所高大而古老的宅第中，周围是极高的防火墙。院内除了住房以外，还有花园、竹园，以及几十间住房……我出生的房间就是我父母结婚时的新房。"

王映霞的祖父叫金沛珊，既未做官，也不会经商，于是家道日衰。他卖掉了余官巷的旧宅后，搬到了湖墅信义坊西头，买了一所较小的住宅。

余官巷这座高大而古老的宅第确实不小。我青少年时，还

常到余官巷去看望二姑奶奶和表叔伯、表兄弟姐妹，其环境与王映霞自传中的描述基本相仿。

宅第的东头出门是中山北路，西头出门是余官巷，内有几十间住房。宅里的长深弄堂黑乎乎的，小孩子总觉得会游出蛇来，不免有些害怕。宅中还有假山、鱼池，虽不太大，但坐坐看看，也颇有闲情逸趣。

岁月流逝，城市更新，现今这旧宅已不复存在了。

担任纬成公司总账房的沈秀才

沈秀才是许炳堃的同乡，被请来任总账房。他住在池塘巷朝北的石库门里。沈秀才育有一女两男，长女沈兹九（1898—1989），学名沈慕兰，一生参加革命，是已故全国人大常委会副委员长胡愈之的夫人。1949年10月1日，她和胡愈之同登天安门城楼出席开国大典。

20世纪80年代，我曾在北京短暂工作过。因为沈兹九与我二姑奶奶同为池塘巷邻居，我在京时也曾几次拜访过她。她与我谈了在故乡杭州的一些家事、趣事。

沈兹九说，她的父亲是个好好先生，母亲则非常能干，也相当迷信，凡事都要问菩萨。当时她想读师范，母亲说，要求个签才能定。于是她先到庙里，要了两张上上签，藏在身边。母亲求了两张签，一张中平签，一张下下签。母亲不识字，便交给她看。她迅即调换成上上签。这下母亲没有办法了，她终于如愿读了在杭州的浙江女子师范学校。

沈先生意味深长地说，旧时的女孩子没有地位，要读个书非常难。她还讲起了童年缠小脚的往事——母亲一定要给她缠小脚，她痛得嚎啕大哭，父亲赶来，将裹脚布松开。她到老了还是非常感激父亲对她的慈爱。正因为当时的女性没有地位，在她幼小的心里，萌发了要为妇女争气的决心。

1934年，报业巨子史量才聘请她主编《申报》副刊《妇女园地》。1937年12月，南京沦陷，百姓们拖儿带女逃难。沈兹九在武汉听闻一位死里逃生的记者带来的消息：日军正在苏杭一带抓捕儿童，运到日本。沈兹九找到时任中共长江局妇女部成员的邓颖超。1938年1月，邓颖超联络各界知名人士在汉口召开保育儿童发起会议，沈钧儒、郭沫若、蔡元培等183位发起人参加了会议。1938年3月，中国战时儿童保育会成立，宋美龄任理事长，邓颖超、史良、沈兹九、安娥等为常务理事。不久，邓颖超等人介绍沈兹九加入中国共产党。

此后，沈兹九受党的委派，分别到过皖南新四军总部和新加坡等地，与胡愈之、郁达夫等进步人士一起，深入群众中进行抗日宣传。

当我了解了她不平凡的经历，心中充满对老人的崇敬。

1987年6月，我所在的工厂荣获"全国环境优美工厂"。在北京领奖后，我再次拜访沈兹九先生。她高兴地为我题写："环保工作是造福人类的伟大工作。丁云川同乡，年轻从事这一工作，前途远大，特此祝贺。九十老人沈兹九，1987年6月9日于北京。"

我真没想到，九十老人的思维还这样敏捷，连标点符号都那么准确。也难怪，她曾是全国妇联宣传教育部部长、《新中国妇女》月刊的总编辑。

1989年12月，沈兹九先生去世。

已消失的纬成公司

日寇入侵后，社会动荡，中国的民族工业处于内忧外患之

中。1932年2月，纬成公司困难重重，资金周转不灵，宣布总、分公司全部停业，令人扼腕痛惜。

沈兹九

人事有代谢，往来成古今。许炳堃、朱光焘两位民族实业家，殚精竭虑创业二十年，成为中国近代丝绸业的先驱。1949年新中国成立后，党和政府没有忘记他们。许炳堃被推荐为浙江省第一次人民代表大会代表，浙江省文史馆馆员、省政协委员，以及连续两届的上海市政协委员，1965年在上海逝世。朱光焘迁居到沈阳，安度晚年，1963年病逝。他俩的人和事，已被编入《杭州丝绸志》中。

在收藏这枚银章时，我问藏家，银章的主人是谁？他告知：来自上海的一户人家。听到"上海"二字，我忽生遐想：难道这银章的主人是在上海过世的许炳堃？

这枚"纬成"公司银章，历经近百年的风雨沧桑，还能幸存于世，实属不易，它承载着杭州民族工业的历史记忆。幸运的是，这枚银章终于回归乡梓。

附：

纬成公司创始人许炳堃的四位学生

都锦生（1897—1943），杭州人。从祖父起就居住在茅家埠。1917年，都锦生进入浙江甲种工业学校机织科学习，他在校期间刻苦钻研，掌握了从设计到织造的全套新式丝织工艺，1919年毕业后留校任教。在校任教期间，他思考着能否将西湖风景"织进"丝绸织锦。他的想法得到许炳堃校长的支持。于是，都锦生成功织出了我国乃至世界上第一幅小尺幅的九溪十八涧丝绸织锦。

1921年春末，都锦生将这幅九溪十八涧丝绸织锦给家人看，全家人欣喜不已，都支持他继续搞下去。1922年5月15日，他在茅家埠家门口挂了块"都锦生丝织厂"招牌，同时挂出了西湖风景的织锦样品。在当时茅家埠"上香水路"的必经之路上，多了一家专卖西湖织锦纪念品的店铺。工厂开业，都锦生便辞去了学校的职务。仅仅一年，就在湖滨开设了门市部。1925年在艮山门火车站旁购地十几亩，建造了新厂房，扩大了设备，员工达到一百三四十人。1929年西湖博览会时，都锦生参展的"五彩纺绣"荣获特等奖。1931年是都锦生生产经营的全盛时期，在上海、南京、汉口、香港、北平（京）、广州等城市开设了门市部。

1937年8月，都锦生宣布停工，工厂解散。12月24日，杭州沦陷，侵杭日军到处找都锦生，请他出任伪市政府科长。他闻讯后，迅即躲到三天竺（法镜寺）内，风头过后，都锦生全家迁居上海。日伪政府找不着他，就将他在茅家埠住宅的财物抢劫一空,连汽车也被抢去。由于都锦生不肯给日伪政府出力，1939年10月下旬，侵华日寇将都锦生的厂房和设备炸毁烧掉。

1941年，上海法租界也被日寇占领，局势混乱。都锦生目睹此情景，终日忧虑，沉默寡言，忧郁于怀。1943年3月下旬的一天早晨，都锦生突然昏倒，头部触壁，诊断为脑溢血，5月26日在上海去世，终年47岁。

夏衍（1900—1995），原名沈乃熙，字端轩，浙江杭州人。他在《旧家的火葬》一文中提到，他出生的地点是杭县太

平门严家弄，一所五开间七进深的庄院里。1914 年，夏衍进入浙江甲种工业学校，读完预科后入染织科学习，五四运动后，与同学一起创办了浙江第一个马克思主义刊物《浙江潮》，并参与编辑工作。1920 年下半年，夏衍从浙江甲种工业学校毕业。1921 年考入日本明治专门学校，到 1925 年毕业。1927 年 5 月回国，不久加入中国共产党，随即投入到轰轰烈烈的大革命运动中，从事各种文化工作。1945 年担任《浙华日报》代总编辑，1947 年在新加坡担任《南华日报》主笔。

新中国成立后，夏衍历任中国文联副主席、中国电影家协会主席等。

沈西苓（1904—1940），浙江德清人，原名沈学诚，是沈兹九的大弟。1923 年，沈学诚毕业于浙江甲种工业学校，同年考入日本京都高等学校染织图案系和东京美术专科学校，和同在日本留学的校友夏衍成为好友。1928 年，沈学诚回国后，参加了郭沫若和郁达夫等人成立的创造社，1929 年，与夏衍等人创办了上海艺术剧社。1930 年 2 月，他又和他人共同发起了我国第一个左翼美术团体——时代美术社，并参加了鲁迅、夏衍等发起的左翼作家联盟。1931 年，沈学诚进了天一电影公司，改名沈西苓。

1933 年至 1939 年期间，沈西苓相继执导了《上海二十四小时》《女性的呐喊》《船家女》《十字街头》《中华儿女》等影片。

不幸的是，沈西苓得了伤寒，于 1940 年 12 月在重庆去世，年仅 37 岁。

常书鸿（1904—1994），被誉为"敦煌守护人"。常书鸿先生的夫人李承仙女士来杭州时，送了一本常书鸿先生著的

《九十春秋：敦煌五十年》给我，书中讲到，1918年，常书鸿进了浙江甲种工业学校染织科，因为染织和美术的关系很大，他便在染织科很用功地学习。并与同学沈西苓意趣相投，两人还参加了丰子恺等人组织的西湖画会。1923年毕业后，他留校任教，沈西苓则去了日本。他在纹工坊岗位工作时，工坊的管理员是都锦生，都锦生是常书鸿的老同学，办了小工厂后离校。

1924年9月25日这天，他带着30多个学生在西湖孤山画风景，湖对岸雷峰塔的倩影倒映在水中，那景致如诗如画，可画着画着，忽然耳边轰隆隆一阵闷雷似的，但见对岸灰沙弥漫，一角天都看不清了，直至灰沙散尽——咦？雷峰塔不见了！原来千百年来就矗立在这儿的雷峰塔，经不起风磨雨蚀和人工破坏，终于倒了……

1927年6月，常书鸿为实现自小到法国求学的理想，离开了杭州，登上了从上海开往法国马赛的船。

西湖会议的百年寻踪

1922 年 8 月 29 日至 30 日，中国共产党在杭州西湖召开了中央执行委员会特别会议（以下简称"西湖会议"）。这次会议既不是例会，也不是党代会，而是一次共产国际要求召开的、有关国共两党合作的会议，是一次专题性的会议，故参会的人员都有一定的代表性。因为西湖会议是在中国共产党建党初期召开的一次会议，当年全国的共产党员只有195名，力量是相当薄弱的,故这次西湖会议是在极其秘密的情况下举行的，会议没有留下文字记录，致使这次会议的一些细节成了"谜团"。如：西湖会议是在西湖的船上召开的吗？ 100 年前的西湖里有画舫吗？参会的人住在哪家旅馆？共产国际的代表马林能吃到西餐吗？西湖会议有多少人参会？西湖会议事先有做会务工作的人吗？……

为解开这些"谜团"，本文从 100 年前杭州的一些人和事，100 年前杭州西湖的游船、旅游、旅馆，以及 100 年前国内外游湖人士的笔记、文章着手，作一些历史性的追溯和还原，"抛砖引玉"，望能与相关人士一起，共同解开这些"谜团"。

一、西湖会议事先有人做会务工作吗？

西湖会议是 1922 年 8 月 29 至 30 日在杭州召开的。在西

湖会议召开前，共产国际代表马林在1922年8月14日，李大钊在8月间，先后到上海会见过孙中山先生。① 由此可知，这次西湖会议非常重要。

我从多方面了解到，这次西湖会议的会务是一位叫徐梅坤的杭州人。

据《杭州通鉴》记载，1922年8月，中共上海地方兼区执行委员会（简称中共上海地方区委）委员长徐梅坤来杭州建党。②

徐梅坤（1893—1997），萧山长山镇（今属杭州市萧山区新街街道）人，10岁做学徒，后在杭州当印刷工人。五四运动时期，受新思潮影响，发起成立浙江印刷公司工作互助会，创办浙江第一张工人报纸《曲江工潮》，1921年底，回乡参加衙前农民运动。1922年初，由陈独秀介绍在上海加入中国共产党（是浙江第一个工人党员）。

1922年起，先后担任中共上海地方执行委员会兼江浙区执行委员会书记、上海印刷总工会委员长、上海总工会组织部长和全国印刷总工会委员长等职。1922年8月底来到杭州，1922年9月初，中国共产党杭州小组成立。③

徐梅坤高寿到104岁，垂暮之年的时候，有位杭州的同志到北京去拜访他，问起西湖会议是在哪里召开的。一句话，触发了老人的深沉回忆，他说，在召开西湖会议的这年，他受党委派（当时党中央在上海）来到杭州，一是为了筹建中共杭州小组，二是为了筹办西湖会议。他又说，西湖会议是在西湖船上召开的。可能是由于他年事已高，很遗憾当时没有进一步问

① 李平主编：《孙中山》，九州出版社，2006年，第273页。
② 《杭州通鉴》，人民出版社，2014年，第515页。
③ 《杭州通鉴》，人民出版社，2014年，第516页。

清他关于本次会议的一些细节。后来，由于徐梅坤辞世，这些细节成为留给后人的谜团了。但徐梅坤是当事人，他的忆述，应该是确实可信的——西湖会议应是在西湖船上召开的。

二、100 年前的西湖有画舫吗？

有人说，100 年前的西湖上是没有画舫的。对此笔者作了一番寻访和书证。

在清代《乾隆南巡西湖图》上是有画舫的，这种画舫相当华丽，船舱是非常宽敞的。《西湖游览指南》一书中写道："西湖上遂买一舟以载客自给。……有大号篷船，日约二三元有余，二号日一元有余，三号日六七角。"1995 年出版的《西湖志》对"西湖游船"有如下介绍："清末民国时期，主要有木制手划船，船上扶栏有雕花木板与铜栏杆两种，有白色荷叶边布幔。坐位有板椅、藤椅（冬天加芦花垫）、沙发。船中央置小圆桌，上放暖水瓶、茶盘、玻璃茶杯，这类手划船逢冬季游客少时，船家拆去装设充作货船，从西湖山区装载农副产品入城。""还有种篷船，人称大游船，也叫画舫。这种船共分三进，中间二进可摆一二桌酒席，三进备有床铺，供客休憩。船两侧装有玻璃窗，也有装百叶窗、木板窗。这类船数量很少，抗日战争前约有十余艘，抗战胜利后，仅剩三艘。"

另外，《西湖志》还介绍了"画舫"，即西湖大型游舫。辛亥革命后，游人大都喜乘划子游湖，画舫乘者日稀，故湖中大型画舫仅有30多艘。在造型方面，古洋结合，故杭人称之为"四不像"。小的画舫顶部设篷，大的设舱屋。抗日战争前，画舫大都做集体活动，尤其是供进香拜佛者乘坐。

根据 20 世纪 30 年代《杭州市指南》中有关"舟游"的记

载可知，当时的船分大中小三等，大船能载客24人，中船16人，小船即划船，通常载客以8人为限。

俞平伯先生1925年写的《西湖六月十八夜》的文章中有："西湖的画舫不如秦淮河的美丽。"从这句文字中可理解为西湖画舫可能以实用为主。

我于2003年10月28日在《杭州日报》上发表了一篇《昔日茅家埠水路》的文章，文章里附有一张一艘画舫在茅家埠水城开行的照片。是年，年过耄耋的父亲看了后对我说，这艘画舫是20世纪20年代西湖上的游船，游客从湖滨落（乘）船到西湖去游，也可以到茅家埠去游，当年这是条上香水路。这画舫是西湖里比较上乘的，游客乘坐其中，一路观赏水光山色，倦了累了，亦可在舱内吹拉弹唱，舱里陈设也蛮好，还可喝茶吃饭。

根据以上对西湖游船的相关史料、资料来考证，可以得出结论：20世纪20年代，西湖是有画舫的。至于西湖会议使用的画舫，不太可能是小型的，只能是大型或中型两类。如果是大型的，船舱有三进，中间舱内两张桌子一拼，开会就比较宽敞，也比较隐蔽。如果是中型的，舱里摆放一张桌子，大家围坐着开会，比较紧凑。总之，无论是大型的还是中型的画舫，在20世纪20年代，西湖上都有的。只是到抗战胜利后不久，西湖上的画舫渐渐消失了。

画舫一般做集体活动用，进香拜佛者常常乘坐，西湖会议为掩人耳目而选择在西湖画舫上召开是符合情理的。

三、西湖会议参会人入住哪家旅馆？

1922年，杭州西湖有多少家旅馆？哪几家卫生设施比较

好？哪几家旅馆有中西餐厅？哪家旅馆能接待外国游客？《西湖游览指南》中载："遂买一舟，以载客自给，夜宿古庙中。"那么参会人员可能住在古庙吗？但如果是借宿古庙的话，需要游客随身携带铺盖、蚊帐，因为西湖夜里蚊子多，而参会人是不可能携带铺盖、蚊帐的。住古庙宿夜是不可能的。据1918年《增订西湖游览指南》中的杭州旅馆价目表中，当年的杭州有70多家旅馆，价格在三元以上的上等旅馆为2家，一是城站旅馆，二是里西湖的新新旅馆；三元以下二元以上的中等旅馆有5家，两家是延龄路（延安路）的清泰第二旅馆和振华旅馆，一家是湖滨路的湖滨旅馆，两家是迎紫路（解放路）的清华旅馆和湖山新旅馆。但这5家旅馆的陈设就是一般性的，住宿比较好的清泰第二旅馆，房间里是没有卫浴的，只有抽水公桶，是无法与新新旅馆相媲美的。

当年的新新旅馆的情况是怎样的呢？新新旅馆是1913年开办的，到1922年2月新楼建成，有大小房间92个。别致的古罗马科林斯式建筑，豪华地亮相西湖，当年的新新旅馆是旧中国最豪华的旅馆之一。旅馆内设有中西餐厅、弹子房、跳舞厅，顶层是舞厅酒吧。

1921年5月1日，日本文学家芥川龙之介游西湖时，住在新新旅馆，他在《游西湖》一文中写道："旅馆前面的小码头上，晨光照耀之下的槐叶影子不停地晃动。那里系着一艘我们乘坐的画舫。……画舫从锦带桥下钻过去之后，立刻右行，右边是孤山。西湖十景中的平湖秋月指的就是这一带景色……为了去岳王庙，画舫再次驶进西湖里。……画舫钻进了跨虹桥，走过了也属于西湖十景之一的曲院风荷附近一带。去了岳王庙之后，我们又乘画舫返回孤山东岸。在槐树和梧桐的树荫里有家名叫楼外楼的饭馆。"

从这篇游记中，可以得知几个信息。首先，当年的新新旅馆前面有个小的游船码头，西湖的画舫是可以从码头直接靠岸的，游人从旅馆出来可以直接上画舫。如果参会人住在新新旅馆的话，从旅馆出来可直接上画舫，这样可以省去很多事，可以节省时间，也更安全。

《增订西湖游览指南》一书中是这样介绍新新旅馆的："湖上方面则有新筑的新新旅馆，建筑精美，风景天然，饮食一项，兼具中西，游湖者居之为适，西人尤乐此。更备有游山之藤舆（即轿），泛湖之瓜艇（即游船、画舫）。"《西湖快览》这样介绍新新旅馆："建筑精美，食具中西。"从旅游书对新新旅馆的介绍来看，凡入住新新旅馆可以请旅馆代为包船游西湖，这也是入住新新旅馆的福利。此外，新新旅馆的服务生，接待从城站乘坐黄包车到旅馆的国外旅客时，用的是英语，这在当时可算是新新旅馆的一大优势。共产国际的代表马林是荷兰人，吃的是西餐。100 年前要吃西餐的话，杭州实在是很少的，而新新旅馆由于档次较高，外国游人较多，只要入住新新旅馆就可以吃到西餐。参会的其他几位代表亦是有身份有地位的高尚人士，他们也很有可能是从火车下来后，直接从城站乘坐黄包车入住新新旅馆的。

我国著名的出版家、教育家张元济先生入住新新旅馆后写了一篇回忆文章，文中是这样描写新新旅馆的："1916 年春，是我第一次远游……我们下榻里西湖葛岭保俶塔下的新新旅馆。这是一所开业不久的新旅馆，四开间两层洋式建筑。设备齐全，客房宽敞……有一天回到旅馆，见到大客厅里聚集了二三十人，其中还有洋人。我们上楼休息，才知道这批人是上海圣约翰大

学工程系学生。"

后来张元济先生的儿子张树年也回忆了他住新新旅馆的情景：1918年，我12岁，第二次随双亲游杭州。此次仍住在新新旅馆。旅馆设备已大有改进，装上了电灯，客房布局变化也很大，底层除向南的几间保留外，其余都拆除，大厅变得宽敞，并辟有中西餐厅，每餐不用"西崽"端到房间，旅客可去餐厅就膳。我们在二楼开了两间向南的房间，虽比两年前住的小一些，可是备有浴室，方便得多。父亲早上喜欢吃西餐，有火腿煎蛋、面包黄油、咖啡等。午晚两餐一般吃中餐，偶尔吃过几次西餐，烹饪手段亦不差。从张树年的记述中得知，新新旅馆在1918年就有了电灯照明，房间内已有了浴室，旅馆设有中、西餐厅，这对100年前的旅馆来说是相当高级的了。

1922年8月29日至30日，这时候杭州的天气还是相当热的。参会人员在西湖画舫中开了一天的会，尽管西湖上有风，但吹来的风还是热风，会汗流浃背的，晚上回到旅馆房间洗个澡，是很有必要的。由此看来，参会人入住的旅馆也是应该要考虑住宿条件和必要设施的。

综上所述，100年前住新新旅馆有几大优点：旅馆设施完备，房间有卫浴设施；旅馆设有中、西餐厅，西餐在杭州是首屈一指的；旅馆前有游船码头，旅馆有包船（画舫）业务，形成"一条龙"服务，游客可以在旅店前面直接上船，且比较安全；旅馆设施完备，侍应来宾周到，服务生懂英语，能接待并服务好中外人士；当年的新新旅馆在北山街，周边还是比较清静的。

由此推测，入住新新旅馆应是参会人的首选之处。

后　记

2022 年 5 月，《杭州日报》韩斌先生提议，副刊辟一《石头记》专栏，请我著文，以讲述杭州山山水水的摩崖、碑刻、史迹遗存及其逸闻的一些考证。一瞬两年余，仓促集成 82 篇。

承蒙杭州百年老字号舒莲记掌门人陈晓雷先生的襄助，并得到杭州出版社的大力支持，《西湖石头会说话》得以出版，且本书被列入杭州市文联文艺精品工程扶持项目。敝人才疏学浅、老眼昏花，文中难免与史实有出入，考证还不够严谨。若有不同见解，敬请广大读者不吝赐教！

杭人丁云川，时年八十又四

2025 年 2 月　乙巳元宵